喚起29

語言障礙
學習與照顧

王秀美◎著
許玉容◎著

WAKE UP

照顧者懂得教導的關係
重建遲語兒學習意願和

開心看見自己小孩說話的奇蹟

改變教養認知/教養策略的/
孩子的轉變/語言訓練調整/重建幼兒願意學

序一

王秀美博士
美和科技大學副教授
112 年 9 月 23 日

　　這是一本團隊合作完成的書，是在我未退休時，就與美和科技大學社工系社區諮商組玉容老師開始寫的書，在我退休後又持續寫。由於是治療性的書，需要多方驗證，所以兩人經過商討後，一起蒐集資料，由我主筆整理，再依玉容老師的治療經驗，對文章內容提供校對、建議，我再做修正和整體的調整，最後商請范幸玲老師做整體校對，使這本書的內容能更具完整性、實證性和實用性。

　　至於會引起撰寫這本書的動機來自於我的治療經驗，我媽媽以前曾跟我說我哥哥很慢才說話，我對這些話沒有感覺，直到我博士畢業，有一天我在上課，有一位學員跟我說，你能治療一位幼童嗎？他現在三歲還完全沒有語言，我當時初生之犢不怕虎，就答應了。經過

數次遊戲治療之後，我打電話給幼兒的母親，她對我說她兒子給她最好的過年禮物是已開口說話。等到下一次遊戲治療時，他真的開口叫爸爸、媽媽、爺爺等，我嚇了一跳，當時我也不知道為什麼他突然會開始說話。經過一段時間後，又有人介紹一位快五歲還完全沒有語言的孩子，我因為有第一次的經驗，就開始關注遲語的議題，閱讀相關文獻，才發現正常幼兒遲語的原因，開始與吳珍梅、李長燦老師撰寫遲語兒主要照顧者所知覺的語言互動困境與求助經驗之探討的研究，並刊登於長庚科技學刊，接著又撰寫遲語兒母親教養信念及策略之個案研究，刊登於長庚人文社會學報，這本書的內容和訪談資料部分大部分來自於那兩篇研究，非常感激這些照顧者和母親願意接受訪談，這本書能完成，來自於他們願意幫忙來成就的。

寫完兩篇研究後，我覺得遲語是一個要持續深究的議題，也引發與同事共同寫此書的動機。於是兩人開始構思，最後才開始著手撰寫此書，希望透過兩人的合作，使本書更具正確性，使諮商心理師、語言治療師和遲語兒的父母能從此書找到方法，獲得助益。

序二

許玉容博士
美和科技大學助理教授
112 年 9 月 28 日

　　這是一本團隊合作完成的書，感謝秀美老師退而不休，退休後仍然努力於兼課及著作，貢獻所長。這是美和科技大學社會工作系社工所社區諮商組秀美老師和我，共同完成的書。在秀美老師退休前幾年，其實已經大致完成本書了!! 不知為何校稿及討論外，平時工作的忙碌，又隔了一些時日。也由於這是治療性的著作，需要多方驗證，所以經過多次商討後，一起蒐集資料，再由秀美老師主筆整理，再依治療經驗，對文章內容提供校對、建議，秀美老師再做修正和整體的調整，使這本書的內容能更具完整性、實證性和實用性。各大醫院之復健科、耳鼻喉科或整形外科，可能會有配置的師的職缺及服務，而與醫院的語言治療師的差別是：醫院語言治療師處理較多的是器質性因素的語言問題，而本書因

為是諮商心理師共同執筆,則較多以心因性的治療及處遇為主。

　　至於會引起撰寫這本書的動機,來自於我於大學心理系剛畢業後,剛好有機緣,我的第一份工作是在醫院的復健科的擔任語言治療師約 3 年的經驗,當時國內尚無語言治療學系及語言治療碩士的學程,那時我又無出國念書的機緣。所以,我唸碩士時,選擇又回去心理學領域進修。之後,就在學校老人服務事業管理科任教,銜接之前熟悉的老人服務的工作;之後的博士學位仍是念諮商心理學的領域。我 2018 年轉任美和科大社會工作系,秀美老師即邀請此書的撰寫,個人雖對語言治療仍有熱情,但事隔多年,已有些陌生,及不甚清楚現今的醫療現況,但是本書是由心理學的角度來切入,就欣然的接受秀美老師的邀請。

　　「語言障礙」及一般口語說法的「遲語」,是一複雜的狀況,有生理因素、心理因素,及社會環境刺激等因素交互作用。生理因素有醫療團隊之診斷及協助,而在後續之訓練及言語機轉的治療過程,則有許多的心理因素需要克服、面對及練習,以及,幼兒願意學和照顧者會教的關係的重建,也是重要的學習成功因素。而諮

商心理師較熟稔的遊戲治療、學習制約理論等部分，則對遲語兒的語言學習及訓練，可以有些努力及協助。

　　遲語是一個要持續深究的議題，也引發與同事共同寫此書的動機。於是 2 人開始構思、討論，最後才開始著手撰寫此書，希望透過團隊的合作，完成任務。也感謝另一位諮商心理師，當時尚在本系任教的范幸玲老師於前期的一起討論，以及後期協助校稿的工作，使本書更具正確性、實用性，也使諮商心理師、語言治療師和遲語兒的父母等使用者、閱讀者，能從此書找到參考或協助方法，而獲得助益，使遲語兒能即早獲得學習與改善語言能力，對於改變其人生及未來，是重要的觀念及方法！

目次

第一章　語言障礙的定義和衝擊

　　一群小孩子在玩遊戲，一個孩子說：我們來跳
圈圈，然後問另一個孩子：你要不要玩？其他孩子
說：不要問他，他不會表達。那個孩子（頓了很久）
說：要。

　　由於常跟兒童做遊戲治療的關係，幼兒對我有強大
的吸引力，因生性雞婆，看到他們就心生喜悅，就想要
幫助他們，而我幫助他們的方式，就是教導父母語言訓
練的重要。所以我常在路上走路、或坐在火車上時，看
到帶有年紀約 1、2 歲的幼兒的父母，就會主動的跟孩
子打招呼，接著跟這些父母聊天，談談他們的幼兒語言
發展的情形，順便跟他們談如何幫助孩子獲得語言。
　　俗語常說沉默是金，但這種現象對於幼兒而言，可
能是致命的殺傷力。我之所有擔心幼兒語言的發展，是
因為嚴重的話，可能會形成語言障礙，甚至啞巴，影響
該幼兒後續的身心發展。所以語言的出現，對幼兒而言，
可說是其生命發展的里程碑，代表該幼兒可以藉著說話

和他人溝通，表達自己的需求。

第一節　一般幼兒語言的發展

　　語言發展雖每個幼兒的速度略有不同，且女童往往比男童快，但一般兒童語言的發展都有其一定的順序。研究發現幼兒語言發展歷經幾個階段，一般幼兒大約在4-8 月是牙牙學語期，9-12 月是單字期，會發出「咿、咿、嗚、嗚」，這些語言發音會用到的單音，至於「第一個字」，通常是出現在 10 至 18 個月大之間，1 歲半左右會說一些簡單字彙。兩歲至兩歲半時，會開始重複大人說話的「鸚鵡式學語」，兩歲半以後會使用簡單句型，3 歲多會說較複雜的句子，4 歲左右則就可以發展出日常生活的對話能力（王派仁、何美雪，2008；Oller, 2000）。至於幼兒語言發展狀況請參閱表 1 一般幼兒語言能力發展表。

　　根據 Jones 等人（2007），幼兒字彙的學習，剛開始時很緩慢，但快速的增加，在 16 個月大時，約認識40 字左右，至學齡時，雖然每個孩童學習字彙的速度和字數有個別差異，但幾乎每年所學習的字彙超過 3000個。若幼兒在詞彙獲得（lexical acquisition）和字的連結

表 1　一般幼兒語言能力發展表

年齡	語言能力
4-8 月	牙牙學語期
9-12 月	單字期，會發出「咿、咿、嗚、嗚
1 歲半左右	會說一些簡單字彙
2 歲半以後	會使用簡單句型
3 歲多	會說較複雜的句子
4 歲左右	可以發展出日常生活對話能力

（word combination）的語言表達上發展特別慢，甚至 3 歲後，還只能發出有限的單字詞，或根本沒有語言出現，該幼兒的語言發展就出現了問題。

第二節　語言障礙的定義

　　面對幼兒遲語現象，尤其是男幼兒，有些照顧者會有錯誤認知，認為是大隻雞慢啼或男生比較慢的想法。若是輕忽這個問題，最後不啼怎麼辦？Kelly (1998) 指稱若 2 歲幼兒只能用很少的語彙表達，且該幼兒 2 歲之後，仍持續有語言表達困難，這幼兒就會被診斷為語言障礙（Language disorder），又稱遲語兒（late talkers）。

　　依據教育部（2013）身心障礙及資賦優異學生鑑定

辦法的診斷準則，語言障礙是指「語言理解或語言表達能力與同年齡者相較，有顯著偏差或低落現象，造成溝通困難者。」DSM-5：精神疾病診斷準則手冊〔DSM-5〕（台灣精神醫學會譯，2017）則診斷語言障礙症為在早期發展階段，幼兒無論在聽覺、智力、動作機能或整體發展上皆正常，但和同年齡幼兒應達的語言能力相比卻有相當大的落差。

　　Warren 與 Rogers-Warren (1982) 指稱語言障礙的原因之一是生理結構或殘障因素等生理現象，阻礙了孩童基本學習的能力，例如智障或聽障因素，妨礙或扭曲孩童語言的學習，造成語言發展遲緩。DSM-5（台灣精神醫學會譯，2017）則將 Warren 與 Rogers-Warren (1982) 提到的有此生理現象的幼兒排除在外。所以依據 DSM-5（台灣精神醫學會譯，2017）的定義，基本上這些幼兒生理現象發展都正常，但卻有下列的 3 種症狀，即：(1) 字彙不足；(2) 有限的語句結構；和 (3) 述說障礙，以致於在溝通、社會參與、學業成就或職業表現上受到限制。換句話說，被診斷有語言障礙的幼兒在身體機能上是正常的，但語言發展就是比一般幼兒慢很多。

第三節　語言障礙的鑑定

　　Rescoria (1989) 指稱 24 月大的幼兒，遲語現象依評估工具的不同，佔 7% 至 18%。*DSM-IV-TR* (American Psychiatric Association [APA], 2000) 認為遲語幼兒所佔的比率，未滿 3 歲的幼兒約 10% 至 15%，至於學齡兒童則約有 3% 至 7%，Campbell 等人（2003）則稱約 14% 的 3 歲幼兒有語言障礙症狀，6 歲時則佔 3.8%。Cohen (2010) 指稱約 8 至 12% 的幼兒有語言障礙，但大部分的幼兒是因為到了 2 或 3 歲還沒有語言，才被鑑定出來。

　　由於教育部（2013）**身心障礙及資賦優異學生鑑定辦法**和 *DSM-5*（台灣精神醫學會譯，2017）並未具體說明「語言理解、語言表達能力與同年齡者相較，有顯著偏差或低落現象，造成溝通困難者。」或「字彙不足、有限的語句結構、述說障礙。」所呈現的字彙、語句量到底是多少才是顯著偏差或低落？或什麼情況下才顯現不足、有限，以便篩選遲語兒，因此語言專家就制定不同的操作型定義。

語言障礙的操作型定義

　　Rescorla (1989) 訂定篩選的標準，認為 2 歲以上的小孩，語言表達若少於 50 個單字，或都是單字表達，就是屬於語言障礙症。Bates 等人（1995）則認為只要在 MacArthur 溝通發展量表（MacArthur Communication Development Inventory，CDI）低於 10% 的字彙表達，該幼兒就有語言障礙症。王國慧（1999）則認為 2 歲幼兒若無語彙出現，3 歲無任何句子表達，3 歲以後說話模糊不清，他人難以理解，就有語言障礙症。Paul (1991) 則用「語言發展檢核表」來鑑定幼兒，幼兒在 18-23 月大時如果少於 10 個單字，在 24-34 月大時，少於 50 個單字，或沒有 2 個單字合在一起的語詞，就有語言障礙症。現將上述研究者的鑑定準則整理一下，請參閱表 2 診斷語言障礙症的準則。

第四節　幼兒有語言障礙後續發展的相關研究

　　Rudolph (2017) 指稱幼兒有語言障礙，明顯的有了解語言和產出語言的缺陷，而這種缺陷強烈的衝擊到他後續的發展，因為能了解語言和能用語言溝通的能力是

表 2　診斷語言障礙症的準則

語言學者	診斷遲語兒準則
Rescorla	2 歲以上的小孩，語言表達若少於 50 個單字，或都是單字表達
Paul	「語言發展檢核表」裡，幼兒在 18-23 月大時如果少於 10 個單字，在 24-34 月大時，少於 50 個單字，或沒有 2 個單字合在一起的語詞
王國慧	2 歲幼兒若無語彙出現，3 歲無任何句子表達，3 歲以後說話模糊不清，他人難以理解
Bat、Dale、Thal	在 MacArthur 溝通發展量表（MacArthur Commun-ication Development Inventory，CDI）低於 10% 的字彙表達

人類之間互動和學習的根基，這個缺陷置他們於社交、情緒、學業和職業成就上的危機（台灣精神醫學會譯，2017）。

　　DSM-5（台灣精神醫學會譯，2017）指稱語言障礙會影響溝通、社會參與、學業成就或職業表現，研究證實這種現象，因為學習本身依賴語言，新的學習建立在已經學習的基礎上，如果語言能力差，就會影響該幼兒理解與運用詞彙表達的能力，當語言表達能力不足，不論在溝通、社會參與、學業成就或職業表現就會造成後續發展的不利情形（Baker et al., 1995）。Rescorla (1989)甚至指稱幼兒遲語不論在認知、社交、聽力和生理上的

發展都受影響，因為遲語影響幼兒在語言結構能力上的
不足，而這種現象會擴大到其在實用語言表達上的困
境，若是沒有克服，甚至會影響該幼兒至成年，畢竟個
體的教育和社會發展都須仰賴語言表達的勝任性（Elbro
et al., 2011）。以下將分述遲語兒與一般幼兒語言相關
發展上的比較和遲語兒成年後發展的相關研究。

遲語兒與一般幼兒語言相關發展上的比較

　　遲語現象越嚴重，越會擴大影響其他方面發展，如
語言接收、語音清晰程度，以及社會化等能力的發展
（Weismer et al., 1994），並引發學習障礙，甚至情緒困
擾（Carson et al., 1998; Cassel & Meyer, 2001）。

　　Rescorla (2002) 指稱很多遲語兒在後續發展上，不
但持續有語言障礙，還衍生學習問題。MacRoy-Higgins
與 Dalton (2015) 比較 3 歲遲語和語言發展正常幼兒對非
字彙（nonword）的可能性發音，發現遲語兒比語言發
展正常幼兒要花較多時間學習該字，才會發出該非字彙
的可能性發音，且在單字學習上比那些幼兒慢。又如研
究者長期追蹤調查發現，在 2 歲時被鑑定為遲語兒的幼
兒，當他們 3 歲時，約 50% 無法趕上同齡幼兒的語言表

達，4 歲時在做跟學業成就相關的發展語句計分測驗上，約 57% 的遲語兒，分數比其他同齡幼兒落後 10%，且有相當數目的遲語兒，在語言、語文寫作和學業方面的學習，仍明顯持續呈現出困難，這現象令人相當憂心（Aram & Nation,1980; Paul, 1991）。Cohen (2010)　就指稱被轉診至精神服務機構或被安置在特殊學校的幼兒和學童，約半數都是因為語言障礙或語言相關的學習失能。

Bates 等人（1995）發現幼兒擁有的詞彙量和表達長度，與其表達出來句子的複雜度有關連性，若幼兒的詞彙量比一般幼兒少，表達長度又比一般幼兒短，就只能表達簡單的句子，面對較複雜的句子，該幼兒就無法理解文意，因而影響其將來在學習道路上的學業成就。Girolametto 等人（2001）調查發現大部分遲語兒在 5 歲時，在標準化語言發展測驗上的分數，可以趕得上其他幼兒，但是在師生互相討論或故事情節敘述上，卻仍是比其他幼兒弱。Law (1997) 就發現有遲語現象者在學習障礙中佔有很高比例，Cassel 與 Meyer (2001) 也發現有學習障礙學童，往往有遲語現象，Aram 等人（1984）指稱語言問題是這些孩童一輩子都存在的烙痕。

遲語兒與一般幼兒語言表達能力的比較

　　Rescorla 長期研究關於遲語兒的後續發展議題，她整理出其他研究者對遲語兒的語言表達成長軌跡，發現有三種現象，即 (1) 一般遲語兒在 2 至 3 歲時期字彙量會改善；(2) 很多遲語兒 5 或 6 歲時，其語言技能表現正常；和 (3) 很多遲語兒在學齡前，文法表現明顯比一般幼兒落後（Rescorla, 2002）。Rescorla 自己也以 40 位 24-31 個月大被診斷遲語的幼兒為樣本，採用縱貫性研究方式長期追蹤探究這些幼兒長大後的語言發展。Rescorla (2002) 研究時，40 位樣本中，有 34 位參加，發現當這些幼兒 5 歲時，語言表達與一般幼兒無異，但到 9 歲時，在大部分語言測量上卻明顯落後。其次閱讀方面，這些孩童 6 或 7 歲時與一般兒童差異不大，到了 9 歲時，閱讀技巧則比同齡兒童稍弱。Rescorla (2005) 再次探究這些孩童到 13 歲時的語言和閱讀發展，此次共 28 位參加，發現他們在 (1) 詞彙；(2) 文法；(3) 閱讀理解；和 (4) 口語記憶等四種能力都比同儕差。迴歸分析也指出 2 歲時在語言發展測驗上的詞彙分數，可顯著的預測該童在 13 歲時上述的四種能力。Rescorla (2009)

又再一次探究這些孩童到 17 歲時的語言和閱讀發展，此次共有26位參加，發現他們在詞彙、文法、閱讀理解、口語記憶分數明顯比同儕低落，顯示出 2 歲時的遲語和後來語言相關能力發展的低落有關，可見幼兒語言發展遲緩對其一生的負面效應。現將上述資料整理如下，請參閱表 3 比較遲語兒與一般幼兒的語言發展現象。

這種課業落後是可以理解的，因為孩子有流利的語

表 3　比較遲語兒與一般幼兒的語言發展現象

研究者	年齡	比較變項	語言發展現象
MacRoy-Higgins 與 Dalton	3 歲	非字彙（nonword）的可能性發音	1. 要花較多時間學習該字 2. 單字學習上比那些幼兒慢。
Aram & Nation Paul, 1991	3 歲	語言表達	50% 無法趕上同齡幼兒
	4 歲	發展語句計分測驗	約 57% 的遲語兒，比同齡幼兒落後 10%
Girolamett 等人	5 歲	師生互相討論或故事情節敘述	較弱
Rescorla	5 歲	語言表達	與一般幼兒無異
	6、7 歲	閱讀	差異不大
	9 歲	大部分語言測量	明顯落後
	9 歲	閱讀技巧	較弱
	13 歲	詞彙、文法、口語記憶、閱讀理解	較差
	17 歲	詞彙、文法、口語記憶、閱讀理解	低落

言表達能力和強大的字彙，就會比語言能力弱的孩子，在閱讀理解和解碼文字意義的技能上強（Braze et al., 2007），而語言能力和數學能力有強烈的相關性，畢竟看不懂文字，就無法理解數學題意，數學成績自然就會落後（Purpura et al., 2011）。

遲語兒成年後發展的相關研究

Carson 等人（1998）指稱孩子有強大的語言能力能提升他們的行為運作，因為他們較能跟教師和同儕溝通，也較能調適他們的行為和情緒；反之若是有語言障礙，則因溝通困難，導致造成生、心理的不利發展。Elbro 等人（2011）就稱早期語言障礙可能會導致長期的嚴重效應，如果沒有解決，有 50% 以上的危機持續衝擊這些幼兒未來的學校課業發展和成年，畢竟語言障礙伴隨著語言結構的困難，就會影響實用語言的表達，這一連串的累積效應，連帶影響行為和情緒的發展。

Johnson 等人（1999）14 年長期追蹤社區 114 位 5 歲時被診斷有語言障礙和 128 沒有語言障礙的樣本語言的穩定性和結果，發現這些幼童在他們 19 歲時，語言表現是相當穩定的，也就是說，經過 14 年的成長，有

語言障礙幼童持續有高比率的溝通困難。Beitchman 等
人（2001）發現跟沒被診斷有語言障礙的幼兒比，5 歲
時被診斷有語言障礙的幼兒，在他們 19 歲時，在就業
和就學方面差距不大，但有顯著比率被診斷患有焦慮
症，甚至伴隨社交恐慌症或反社會人格。可是這些參與
者至 25 歲時，則有較低的就業、就學和低社經（Johnson,
Beitchman, & Brownlie, 2010）。

　　Clegg 等人（2005）追蹤 17 位童年有嚴重發展性語
言障礙的男性，30 年後在社會經濟上的表現，在和他的
兄弟姊妹比較之下，發現更嚴重的現象。相較於兄弟姊
妹有 94% 的就業率，他們只有 59%；在持續就業方面，
兄弟姊妹有 94%，而他們只有 18%；在接受社會福利方
面，兄弟姊妹是 10%，而他們佔 65%。Elbro 等人（2011）
追蹤 198 位 3-9 歲被診斷有語言障礙的兒童 30 年後的情
況，發現他們和一般民眾相比，有顯著高比例的識字困
難、失業和低社經。從上述文獻發現，早年被診斷有語
言障礙的幼兒，若情況沒有被改善，對該童成年後的就
學、就業、心理健康、或社會經濟方面會有重大衝擊。

第二章　語言學習理論

　　幼兒語言的學習，理論家有人強調先天，有人強調環境，因而產生不同的理論見解。Dastpak 等人（2017）比較天賦論、行為學派和認知學派 Vygotsky 在語言學習上見解的差異，天賦論主張嬰兒先天有語言習得設備（language acquisition device, LAD），所以語言是先天就有的，而語言的獲得是瞬間的，儘管有不合宜的輸入，語言的獲得仍會發生。行為學派則認為語言發展的過程，培育是關鍵，在教導語言時給與增強而獲得語言。至於認知學派 Vygotsky 的觀點則主張有近側發展區，幼兒透過合作互動，提供鷹架和引導而習得語言。除了上述三種理論之外，又加入計算語言學模式和生態理論，為清楚呈現各理論的觀點，現分述如下：

第一節　天賦論

　　天賦論者主張兒童天生就有 LDA 裝置，這是人類這種生物基因上，決定能獲得和使用語言的構成要素，所以堅持很多成人語言的勝任，是因為人類腦內有這種

LDA 裝置，才能透過其所處的環境中，在與他人互動的經驗，產生屬於該環境特有的語言，如美國兒童說英文，法國兒童說法文的現象，而這種現象是不能用外在語言環境刺激學習而來的這種機制來解釋的（Chomsky, 1965; Chomsky, 1985; Chomsky, 2005）。

　　Chomsky (1965) 認為當幼兒接觸語言時，對語句中主體不清楚的不定項，幼兒的 LAD 會主動設定，並推論出語法要點，因 LAD 允許他們從不充足的資料庫中推論文法規則，而變為語言勝任者。但他也說，若以天生幼兒主導語言學習的情況觀察，就會發現幼兒這些語言表達是充斥著許多錯誤的開始和偏離的語法，這是所有幼兒都有的內在限制，也是他們未來在語言學習路上將要建構的。Chomsky 的缺乏刺激論證（Poverty of the Stimulus Argument）主張，如果只是藉著外在環境對幼兒語言的輸入和幼兒的學習能力來說明幼兒語言學習的狀況，是不足以解釋學語兒接收到環境對其語言的輸入，和學語兒自己語言的輸出的。換句話說，外在環境對幼兒語言的輸入並不等於幼兒語言的表達輸出，所以 LAD 一定存在（Chomsky, 1968）。

對天賦論的評論

　　研究者指稱由於 Chomsky 認為語言學習是幼兒主導，因此倡導天賦論來說明幼兒語言的習得，而不重視照顧者在幼兒語言發展的角色，但實證卻發現對幼兒語言的輸入是高度結構性和教育性的（Behme & Deacon, 2008; Dale, 2004）。Hursh (1978) 發現嬰兒雖天生具有區別語音的能力，但卻不能與他所出生的語言環境隔離，嬰兒必須從該環境中透過語言學習經驗，才能成功的區辨語音之差異並用來回應他人的對話。Behme 與 Deacon (2008) 則認為新生兒在出生前，就能認出有些母語的特質，是因為當胎兒還在子宮，大約 22-24 週大的時候，就會回應聲音，且胎兒能聽到母親說話，所以當新生兒出生時，就能區別母親和其他女人的聲音，且似乎熟悉母語的聲韻屬性，所以是胎兒在子宮內，就在學習語言，來駁斥有 LAD 裝置。換句話說，他們認為是環境影響幼兒語言的學習，而不是幼兒有 LAD 裝置。

第二節　行為論

　　Skinner (1957) 主張行為是透過對外在環境的觀察、

模仿、訓練,在增強和回饋的操縱制約過程中習得,所以幼兒語言的習得也是透過環境的增強、回饋模仿學習而來,而這也說明幼兒獲得語言的學習歷程。

至於幼兒第一個字的發音,Studdert-Kennedy (2002) 主張是幼兒從周圍環境中選擇有「字型式(word forms)」的發音,透過模仿再創造該字的發音而來。例如當幼兒發出爸、爸、媽、媽等音時,可能只是無意義的發音,但大人給與幼兒鼓勵回饋,說你會叫「爸、爸、媽、媽」,甚至對孩子拍手回應來鼓勵幼兒,幼兒在被增強的情況下,願意持續發音練習而獲得語言。換句話說,幼兒語言行為是在環境脈絡中,透過照顧者回饋的機制下,持續學習語音、語法或語意而獲得,所以照顧者對幼兒增強、回饋,直接影響幼兒語言的發展(Dale, 2004)。因此 Warren 與 Rogers-Warren (1982) 主張語言是用來溝通的,在訓練幼兒說話時,照顧者對幼兒溝通的企圖要有所回應,給與增強的回饋,鼓勵幼兒持續表達,幼兒在此環境下願意繼續練習而習得語言。

幼兒遲語因素

至於幼兒語言遲緩原因,Goldstein 與 Schwade

(2008) 認為是幼兒在發出語言時，照顧者未適時給予幼兒正向回饋，讓幼兒在無人呼應或負面斥責下，不願意持續練習表達所造成，若照顧者給予回饋，幼兒則會再持續發聲，所以鼓勵回饋是幼兒學習語言重要因素。

　　我問一位友人她怎麼教孩子學會說話？她說在教的時候孩子最大，若要教她說「阿公」，你必須先叫她「阿公」，然後孩子慢慢地觀察、模仿，學習叫「阿公」，當孩子叫出來，不管音準不準，都給孩子鼓掌鼓勵，讓孩子願意繼續學。王秀美等人（2012）發現主要照顧者或因年齡太大，或因性別關係，在教養信念與策略不足之下，當幼兒發音時，沒有給與幼兒回饋和鼓勵，以刺激幼兒繼續發聲的動機，造成幼兒缺乏練習語言，是幼兒遲語的原因。

第三節　認知論

　　語言包含語音、語義和語法，且每個國家都有其母語，甚至方言，幼兒在其生長的環境中，要用語言來與人溝通，就要學習該地的語言，如在台灣，客家人要學客語和國語，原住民則學該族原住民語和國語等。語言包括語音、語義、語法，根據 Behme 與 Deacon (2008)，

在語言的學習路上，幼兒在獲得語言之前，認知上首先須具備產出母語聲音的能力，其次學習字彙的意義，接著依文法結構將字結合成正確的句子表達出來。

幼兒學習字彙意義起步很早，研究發現幼兒能利用聲和音韻的特質來區分人類語言的兩類基本語法：即 (1) 功能字，指在句子中能傳達字與字之間文法關係的資訊，如前置詞、助動詞、限定詞等；和 (2) 內涵字，指有更具體詞彙意義的字，如名詞、動詞、形容詞、和副詞，而這類字在聲韻上，往往比功能字更突出，而幼兒概念的敏感度使其能區辨這兩類（Shi et al., 1998），而這都是要靠認知的。

根據認知理論的觀點（Nelson, 1973; Piaget & Inhelder, 1969），語言和認知的發展是密不可分的，語言會刺激幼兒認知的發展，而幼兒認知的發展能提升其語言學習層次，兩者相輔相成。他們認為幼兒日常生活的需求就是幼兒認知發展的歷程，也是幼兒學習語言概念的脈絡。幼兒透過需求的表達，不論是用哭的或是用指的，照顧者在回應時，告訴幼兒「水、水」、「飯、飯」讓幼兒在認知上將聲音和實物連結，而有水、飯的語言概念，並學會表達。所以語言概念發展的前提是幼兒需

要積極投入不同的日常生活經驗中，透過與照顧者的互動的親身經驗，發展出語言概念，建構新的認知，將實際事物，如水、飯等，從語音編碼進入語言形式表達出來。

幼兒語言獲得的過程

幼兒語言獲得，根據 Behme 與 Deacon (2008) 的實證研究，發現有三過程：(1) 幼兒在嬰兒期時，認知上學習語言關鍵資訊，這些早期習得的語言概念，幫助該幼兒未來習得更複雜的語言結構的基礎。而這種早期習得語言的機制，讓幼兒認知上能從與他人對話的連續話語流中，切割個個字彙，了解字義並回應，而這也是幼兒後來獲得複雜句法結構的相同機制，可見幼兒早期認知上語言概念的建立，是他們後來學習語言的基礎。(2) 雖然幼兒語言的獲得，在實務的領域比抽象領域快和容易，可是在他們能表達出所認識的詞彙之前，他們需要學習相當多關於母語的本質和組織的資訊，所以幼兒在 18 個月大以前，語言的學習特別慢。和 (3) 統計語言的規則提供豐富的資訊給正在學習語言的幼兒，研究也發現幼兒對於輸入的語言，在認知上能依循過去統計語言

的規則的軌跡來學習。由此可見，幼兒對語言認知的學習不是天生的，而是一步一步學來的。

照顧者對幼兒語言在 Vygotsky 的近側發展區的角色

同屬認知論的 Vygotsky (1986) 的社會文化理論，強調所有知識都是藉著環境中的社會互動建構而獲得，他主張幼兒有所謂的近側發展區（The zone of proximal development, ZPD），即實際發展層次和潛在發展層次的差距。所謂實際發展層次就是幼兒當下能獨立完成事情的能力，也就是皮亞傑理論（Piaget's theory of cognitive development）所說的當時幼兒的發展階段和能力，潛在發展層次是透過他人協助後所達到的能力，而這兩者之間的差距就是近側發展區，請參閱圖 1 近側發展區。

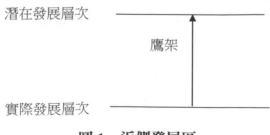

圖 1　近側發展區

　　Wood、Bruner 與 Ross (1976) 則根據 Vygotsky 的觀點，將幼兒從他人或同儕的幫助，得以從實際發展層次中，提升自己能力，朝向潛在發展層次，而這種透過他人或同儕的社會支持，稱為鷹架（scaffolding）。他們強調在日常生活中，照顧者對幼兒的學習要扮演社會支持者的角色，就好像蓋房子時的鷹架作用一樣，當幼兒的能力逐漸提升，漸漸有能力解決問題後，社會支持就可逐漸降低，讓幼兒獨立作業（劉威德，2000）。曹純瓊（2000）則稱鷹架式語言訓練強調在日常生活中，照顧者與幼兒的對談互動過程中，提供適宜幼兒「近側發展區」內的語意圖等視覺性語言支持，如打蘋果泥給幼兒吃食，在打蘋果泥前先讓幼兒見到蘋果，然後打泥，來協助幼兒建構一個內在的語意鷹架，使幼兒能夠組織、聯想並記憶新舊語言的訊息，接著照顧者再詢問幼兒那是什麼等問題，請幼兒回答，照顧者在幼兒回答時能傾聽，給與幼兒聽覺性語言支持，肯定幼兒的語言表現而不矯正錯誤，協助幼兒延伸擴充為較複雜的口語，使幼兒以自己的語言表達風格，學會並使用在日常溝通互動中。所以依據 Vygotsky 的鷹架理論，幼兒語言的學習是照顧者提供幼兒鷹架，讓幼兒在與照顧者互動對

話中學習語言概念認知，練習語言應用，所以幼兒語言
發展是社會化行為，是一種由外而內的歷程（何蘊琪，
2000；Piaget & Inhelder, 1969; Vygotsky, 1986）。

幼兒遲語因素

依據鷹架理論，幼兒遲語的原因，是由於幼兒在語
言練習階段，照顧者沒有提供鷹架，與幼兒溝通互動不
足，幼兒腦中早期獲得太少語言的材料，社會認知不成
熟，造成幼兒有太少的語彙可表達所導致（Locke, 1994;
Thal et al., 1991）。

Pham 等人（2015）針對 48 位 5-11 歲被診斷有語言
障礙，會說西班牙語系和英語兩種語言的兒童分 3 組，
進行 6 週的治療，至於治療效用則是比較治療前、治療
後和追蹤治療結束 3 個月後在語言和認知上的技能。第
1 組只針對英文方面進行治療，第 2 組則針對西班牙語
和英語兩種語言的技巧進行治療，第 3 組則針對非語言
的認知過程進行治療，結果發現這 3 組的參與者縱使在
治療結束後 3 個月，第 1 和第 2 組在英語上有顯著進步，
第 2 組仍保有西班牙語的技能，第 3 組則也有明顯的進
步。可見給與兒童社會支持，提供兒童語言鷹架的教導，

兒童的語言能力就會提升。

第四節　生態理論

Howard 與 Messum (2014) 指稱幼兒第一個字彙發音的學習，須暴露在語言的環境中，與照顧者互動才能獲得，尤其幼兒在有能力模仿字的發音前，與照顧者的社會互動更是關鍵，幼兒不只從父母、照顧者或同儕等接收到很多語言的輸入和口語回饋，也透過父母、照顧者或玩伴等非語言的資訊，如指示或眼睛注視等支持，來鼓勵他們持續用語言表達，所以幼兒語言的學習，跟幼兒所處的生態環境有關。因此，Naremore 與 Hopper (1997) 就主張幼兒語言的學習是屬於生態模式。

根據美國心理學家布朗芬布倫納（Bronfenbrenner）的生態理論 (Bronfenbrenner, 1979)，幼兒生長的環境可分為四個系統，即 (1) 微觀系統（microsystem），指跟幼兒直接接觸的生活環境，如家庭、學校、玩伴與社區，幼兒受此系統的他人影響，幼兒也影響他人；(2) 中層系統（mesosystem），指家庭、學校、同儕及玩伴之間的連結或關係，如父母與學校之間彼此的合作關係，或幼兒與玩伴的相處，都會影響該幼兒；(3) 外層

系統（exosystem），指兒童未直接接觸，但會影響幼兒的因素，如父母的工作環境，學校的教育方針或社區資源的運用等；和 (4) 大系統（macrosystem），是指文化、歷史背景、社經地位等之差異，影響對幼兒的普遍待遇、學習的內涵、和未來生涯的方向（張欣戊等譯，2010）。Warren 與 Rogers-Warren (1982) 主張語言遲緩的原因有二，第一種是生理結構因素，這項因素被排除在語言障礙診斷因素，在前面已經提過。第二種因素是幼兒照顧者，無能經營孩子語言學習的環境，這就與生態模式有關。

Lieven (1978) 指稱幼兒語言表達能力的發展就是幼兒與人會話的歷史。

Naremore 與 Hopper (1997) 探究幼兒與人對話，發現輪流對話形式是須要在情境中隨時判斷、練習才會熟練。對話牽涉到一個人說時，另一個人要聽，不能同時兩個人一起說，至於何時開始說？對方停下來時何時接話？要接什麼話？不只要思量當時情境，也要考量幼兒對話的能力。Hopper 在與他的 18 個月女兒對話中發現，剛開始時，輪流對話的速度非常慢，必須花好幾秒的時間，才能讓幼兒知道他已經說完話，等她來回應了。隨

著年齡漸漸長大，彼此對話練習多了，輪流對話的技巧漸漸變得快速、準確。Garvey 與 Berninger (1981) 就發現 3 歲左右幼兒彼此之間對話，輪流的回應間距，大約介於 1.1 到 1.8 秒之間，而 5 歲左右幼童，則介於 0.8 至 1.5 秒之間。Naremore 與 Hopper (1997) 指稱這種回應間距的進步，代表孩子對輪流對話系統的勝任，而這種勝任是幼兒在環境中，參與會話練習而來的。Topbas 等人（2003）指稱觀察語言正常發展和遲語兒對於表現出共同注意（joint attention）的意圖，發現語言正常發展的幼兒比遲語兒頻繁，這種共同注意讓幼兒與照顧者能專注同一目標，然後教導，可見在生態環境中，除了照顧者創造讓幼兒有機會與人互動對話，幼兒能與照顧者有共同注意創造話題，能提升幼兒語言能力。

幼兒遲語因素

基本上，語言是人際之間互動、溝通的工具。結構的語言技巧包含兩層面，即 (1) 屬於個體層面，潛在、內隱、尚未實踐的能力，如語音、語意、文法、語音資訊聽力等技巧，和 (2) 屬於社會層面，外顯、表現於溝通情境、實用、實際的述說能力，如會談、輪流對

話，好的姿態和維持眼睛注視行為等交談技巧（Cohen, 2010；許彩禪，2009）。所以語言的學習牽涉到在對的時間，用對的方式，說對的事，且在接收和表達中裸露出自己的情緒感受、需求、語意意涵、立場說明、事件描述和聲音結構，對幼兒而言，這並不是一件容易的事（Benner et al., 2002; Warren & Rogers-Warren, 1982）。

　　這種對情境的評估、對接收訊息的轉譯、接著再用語言表達自我的過程，包含六個變項：(1) 實用性的發展；(2) 注意力、區別、和認知發展；(3) 字彙；(4) 句法和語義的發展；(5) 同儕互動；和 (6) 使用的比率（rate）和頻率（frequency）等，這六個變項涵蓋幼兒對語言認知的發展和與生態系統中與人社交互動的情境，這些變項是彼此相互影響的，缺乏其中任何一個變項，都會造成兒童語言發展遲緩的現象（Gormly & Brodzinsky, 1993; Warren & Rogers-Warren, 1982）。

　　Naremore 與 Hopper (1997) 以英文的 glass 和 grass 為例來說明，當幼兒學習英語時，首先該幼兒必須發出英語的聲音，而這聲音必須是微細的、系統性的與其他字彙的聲音有所不同，如 glass 和 grass 的發音是不同的。第二，他必須表達英文概念和字的意義，如 glass 是玻

璃，grass 是草。第三，他必須把字彙有系統的串連，變成一個有意義的句子，如「I need a cup of water.」不能說成「I cup a need of water.」。第四，他必須把這些字句說出來，成為口語。第五，他在表達這些語言時，隨著情緒的不同，姿勢和面部表情會有所變化，若只是坐在書桌前唸，則非語言姿勢會有所不同。和第六，他與人互動的頻率和應用特定字彙的比率，決定他的練習次數，互動的頻率高，說話的機會多，則練習的次數多，熟練語言的機會就大，若與人互動少，練習的機會少，則熟練的機會就小，就易有語言障礙。

第五節　計算語言學模式

談到計算語言學就讓我想到小米音箱，當我對小米音箱說：「小愛同學。」它就會回答：「嗨，我在。」或相關回應打招呼的用語，非常親切。小米音箱不但聽懂我的問話，還能貼切的回應我的問題，這種人工智慧機器會搜尋大數據，根據大數據回應你對它的問題，且透過使用者與它的互動過程中，增加它的大數據資料庫，因而能力持續增長。至於如何訓練「小愛同學」與人對話，這就牽涉到計算語言學的模式。

　　根 據 維 基 百 科，計 算 語 言 學（computational linguistics）這個術語，是由計算語言學會和計算語言學國際委員會的創始成員 David G. Hays 所創立，它是一門跨領域的科學，企圖找出人類語言的規律，以建立運算模型，讓電腦最後能夠像人類一般來分析，理解和處理語言。但訓練機器人說話的模式也和幼兒學習獲得語言的模式相同嗎？為探究此問題，Howard 與 Messum (2014) 擬應用嬰兒計算語言的模式來探究照顧者和嬰兒學習第一個字的發音的行為。

幼兒發出語言聲音的步驟

　　根據 Howard 與 Messum (2014)，幼兒要發出字彙的聲音，須具備兩個步驟：(1) 能解析該字語音以便認定組成字語音元素；和 (2) 能依組成該字的語音元素，依正確次序排列複述。以英文為例，幼兒必須解析 understand 的語音元素，並且依正確次序排列複述 understand，才能正確的說出 understand，所以幼兒這種能對該字的語音元素依序複述的模仿，是表示他已解決說話字音與照顧者發音相呼應的問題（correspondence problems）。換句話說，就是這個幼兒在肌肉動作和認

知上，已發展出他的發音動作基模和他聽到的語音是一致性的能力，因為他須要能比對和判斷他發出的聲音與他人語音的相似性，並表達出來。

幼兒語言的習得

　　至於 Howard 與 Messum (2014) 的實驗乃利用一個會產生語言的機器人叫做 Elija，它有 8 位照顧者與它互動，來訓練它學會說第一個英語、法語和德語等三種語言的單字，而研究的焦點則放在探究嬰兒與照顧者互動過程中，扮演照顧者的角色如何來訓練 Elija。在這個實驗中，訓練 Elija 說話的過程分三階段，即 (1) 未被督導的聲音被 Elija 發現，在此階段 Elija 探索它能發出聲音的機械模式；(2) Elija 利用照顧者的回應，在此階段 Elija 跟她的照顧者互動，它發出聲音，吸引照顧者的注意，照顧者模仿 Elija 的發聲來回應 Elija，來增強 Elija 的發音行為，這時 Elija 了解照顧者是模仿它，它覺察照顧者一定是關心它，它也發出同樣關懷的聲音來回應照顧者；和 (3) 一系列聲音的模仿，在 Elija 將它的機械模式跟它的照顧者的回應相連結之後，它已經有它需要具備的資訊來解析以前他聽到的一連串輸入的聲音，且

能應用它與照顧者所連結的機械模式來模仿照顧者，在彼此一來一往的練習下，Elija 學會說出它的第一個字。

　　Howard 與 Messum (2014) 認為訓練機器人說話和訓練真正幼兒說話是相應的，Pawlby (1977) 觀察母親與幼兒的互動，來比較兩者在聲音行動和其他行動的模仿，不論是有發聲或無發聲的模仿，發現一個共通性，就是母親模仿幼兒行動的頻率比幼兒模仿母親的行動高。Gattegno (1973) 在實驗中也發現，幼兒學習發音不是模仿而來，是幼兒發出聲音，照顧者給予評估、模仿來回饋幼兒，幼兒因為照顧者模仿其發音，再接續發出聲音，因而在認知上解決了彼此相呼應的問題，而在彼此一來一往模仿發音中習得語言。所以此理論的發現與行為學派是有所差異，計算語言學是照顧者觀察、模仿幼兒，行為學派則是主張幼兒觀察、模仿照顧者。

　　從上述五個理論中發現兩個共同點，就是 (1) 要提供幼兒的語言學習環境；和 (2) 幼兒要與人互動練習語言，這兩種因素是幼兒語言獲得的必要條件。縱使是天賦論主張幼兒主導，也須在語言的環境下與人互動，才能讓幼兒無意義的語言，在模仿學習的情境下理解和利用語彙溝通。

第三章　預測幼兒語言障礙的危險因子

　　Rescorla (2011) 指出語言障礙是幼兒最常被轉診去醫院做評估的理由。根據美國 U.S. Preventive Services Task Force (2006)，遲語影響 5% 至 8% 的學齡幼兒，且進入學校仍持續有此問題，造成學業成績低落和心理障礙。Rudolph (2017) 指稱提早鑑定幼兒語言障礙，評估引發語言障礙的危險因子，是降低幼兒身心的不利發展情境的最好方式。Smith 與 Jackins (2014) 指出遲語兒的預後（prognosis）對語言治療師、發展心理學家，甚至小兒科醫生而言，都是一種挑戰，改進預測因子或能幫助評估長期的危機和決定合適的介入服務。

第一節　預測幼兒語言障礙的危險因子的作用

　　研究指出由於語言的重要性，鑑定幼兒語言障礙的危險因子，不論是臨床或理論上，都是非常關鍵性，可提供預防和介入的措施（Fisher, 2017; Hammer et al., 2017）。

危險因子預測在臨床上的應用

　　首先，區辨語言晚熟或語言障礙，Fisher (2017) 指稱預測幼兒語言障礙的危險因子，能增加治療師正確的區辨幼兒目前雖遲語，但後來能追趕上同儕，或未來成為語言障礙或學習障礙的高危機群。換句話說，透過評估危險因子，幫助預測幼兒是語言晚熟或語言障礙的危機群（呂信慧，2016）。根據呂信慧（2016），語言晚熟指幼兒在 2 歲時雖有遲語現象，在 4 歲時語言發展達到正常範圍；否則則為語言障礙，而預測指標則為「接收性語言」、「快速連配」和「四聲聲調指認」；2 歲遲語兒若這三項得分越高，則 4 歲時成為遲語兒的風險越小，而「快速連配」和「四聲聲調指認」則可解釋這 2 年期間語言變化率的群間差異。

　　其次，讓治療師對語言晚熟的低危機家庭幼兒，提供合宜的再確認，以降低家庭和服務提供者不必要介入的負擔，減輕家庭金錢和時間方面的損失，降低家庭因為孩子遲語引發的憂慮和痛苦（Fisher, 2017）。

危險因子預測在理論上的應用

從理論性的觀點來看，首先能提升了解幼兒發展的路徑是走向語言障礙或非語言障礙（Fisher，2017）。例如目前尚未有清楚定論，幼兒語法獲得的模式為何？又在預期時間裡，有些幼兒為何沒有經歷語法或字彙爆發？其次在預防方面，理論對這些議題的釐清，有助於揭開對幼兒語言障礙不利的發展情境，並提早預防、因應，以避免造成後續因遲語音引發的累積負面效應；第三在治療方面，可提供語言治療師和家長訊息，幫助他們改善造成遲語的不利情境，使幼兒達到終生語言勝任的能力。研究指稱遲語兒持續展現語言困難的幅度雖然很大，介於 6%-44% 之間（Dale et al., 2003; Rescorla, 2002），但透過早期鑑定發現語言障礙，提供介入治療，能讓幼兒未來的語言發展較樂觀（Aram & Hall, 1989）。

第二節　幼兒語言障礙的危險因子

對幼兒語言障礙危險因子的預測研究方面，由於研究者的樣本數、取樣方式、參與者年齡、預測變項和分

析方式有所不同，產生不同的研究結果，但不外乎基因和環境脈絡等兩大類別。例如 Rudolph (2017) 透過系統性的文獻探討和後設分析，發現性別、生序、母親的教育程度和 APGAR 家庭功能評估表（5-min Apgar score）等四項，是預測幼兒語言障礙的危險因子。APGAR 家庭功能評估表是 Smilkstein (1978) 所提出，主要是評估家庭成員的觀點和家庭功能。又如 Campbell 等人（2003）針對 100 位生理正常，但有語言發展遲緩的 3 歲幼兒，與 539 位語言發展正常的同儕做比較，發現當幼童同時具備：(1) 男性；(2) 母親教育程度低；和 (3) 家族歷史有溝通發展障礙等三種因素時，幼兒有語言發展遲緩的機率，是其他沒有這些因素的 7.71 倍。再來 Hammer 等人（2017）探究 24 月大幼兒遲語的危險因子，發現男性、出生時體重過輕、注意力問題、非獨生子、高齡產婦、低社經形象、教養品質差、和在托育中心 1 週少於 10 小時等因素是 24 月大幼兒遲語的危險因子。Fisher (2017) 則主張幼兒遲語的危險因子，要依幼兒本身學語期狀況和環境脈絡等兩項來進行評估。

　　Hammer (2017) 將基因與環境脈絡和 Fisher (2017) 的觀點依：(1) 社會人口；(2) 家庭健康史；(3) 教養和照

顧；(4) 幼兒在學步期的早期行為運作；和 (5) 幼兒的語言狀態等五種狀況，來做為評估幼兒遲語的危險因子，本文則依此五種狀況來分述。

社會人口

　　在社會人口方面，首先男、女性別的基因差異，是預測語言發展遲緩的危險因子。Harrison 與 McLeod (2010) 發現 4 到 5 歲的幼兒，男童比女童有較高危險的低字彙和低閱讀能力，Zubrick 等人（2007）則發現男童有遲語現象是女童的三倍，Rescorla (2013) 的研究裡提到有 100 位被小兒科醫生診斷有語言表達遲緩的 2 歲德國幼兒中，65% 是男幼兒，可見男童較易有遲語現象。其次，低社經家庭是預測語言發展遲緩的危險因子（Hack et al., 1995; Lynch, 2011 ; Rescorla, 2013）。Fisher (2017) 將符合其研究準則的 20 個研究，做系統性的文獻探討，比較 2,134 位年齡介於 18 至 35 個月大遲語的學步兒，用後設分析的方式（meta-analysis methods）來探究遲語的危險分子，發現社經地位是顯著的預測分子。低社經家庭的幼兒有較低的認知運作、入學成績低落等現象，Hammer (2017) 指稱低社經家庭

的幼兒不論在字彙、閱讀和數學能力上，都比中產階級家庭的幼兒落後，Rescorla (2002) 發現家庭收入會影響幼兒語言的發展，而 Day 與 Dotterer (2018) 也指出在美國種族和低社經在教育成就上的差距始終是存在的。

　　至於低社經引發遲語現象，則與父母對孩子的教養方式有關。Mayo 與 Siraj (2015) 從 Effective Provision of Pre-School, Primary and Secondary Education [EPPSE 3-16] 的研究計畫中，發現父母的社經地位與教育程度，和孩子的成就息息相關。EPPSE 3-16 是一個縱貫、混合方式的研究，調查 3,000 多位 3 歲到 16 歲的學齡兒童和青少年，顯示出單純社經地位本身不見得影響孩子的學業成就，是父母對孩子學習的參與，影響孩子的學業成就（Mayo & Siraj, 2015; Melhuish et al., 2008）。Feinstein 等人（2008）指稱父母透過社會化的實踐來塑造孩子的學習經驗，藉著管理和規範的途徑，直接參與、安排來影響孩子的學習。Lareau (2003) 指出父母的教育經驗、收入和職業差異會導致不同的教養信念和不同的社會化策略，而這種獨特培訓孩子社會化，主要目的，是幫助孩子裝備自己和社會，但也養成孩子對自我和社會的不同觀點。中產階級對孩子的用心養育（active cultivation），如對孩子的就讀學校的選擇、時常跟老師溝通，參與學校父母親子教育課程；對孩子的課後，會安排孩子學習才藝，如跆拳道、鋼琴、小提琴或其他技能，來幫助孩子發展他們認為最有價值的技能和知識。相對的貧窮藍領家庭則是讓孩子放牛吃草、順其自然（natural growth），且不鼓勵升學。中產階級的家庭著重孩子的自我指導，而藍領階級則是要求孩子順從權威；典型的中產階級家庭孩子的休閒活動和同儕互動，是父母刻意規畫、控制、組織而來，在家庭溝通時，父母能讓孩子表達意見、感覺和想法，並跟孩子協商，當孩子面對權威時，父母會鼓勵孩子勇敢表達，所以親子之間關係是屬於雙向溝通模式。至於生在藍領家庭和貧窮家庭的孩子則實質上由他們自己控制休閒活動，休閒時間也彈性伸縮，且在大家庭中，較多孩子之間模仿遊戲和互動，父母對孩子的溝通則是直接下指令，孩子很少有問題或挑戰成人，這種教養模式之下，不但造成孩子的情緒上的受限感和也影響孩子發展處理社會機制的能力，可見教養模式不同，孩子的人格發展和成就會有所不同。

　　最後種族方面，非白人比白人的幼兒易患有語言障

礙，而非裔 3 歲的幼童有語言障礙者更是白人的 13 倍之多，並且持續至 4 歲半仍有遲語問題，可是當母親的敏感度和溫暖被斟酌時，這個差異現象就消失（LaParo et al., 2004）。可見種族差異雖可當作是預測因子，但母親對孩子的敏感度和溫暖關懷、互動，卻可降低幼兒遲語的機率，這正與下面要說明的母親的生、心理健康狀況會影響幼兒語言的發展是有關的。

家庭健康史

家庭健康史方面，母親的生、心理健康狀況和家庭的心理和學習困難歷史，會影響幼兒語言的發展（Mensah & Kiernan, 2011）。之所以特別強調母親是因為幼兒的主要照顧者，一般都是由母親擔任。

首先，Bavin 與 Bretherton (2013) 雖認為母親的憂鬱並不是造成幼兒遲語的因素，但其他研究者調查學齡前幼兒卻發現，母親有憂鬱症狀的幼兒，語言的發展比母親沒有憂鬱症狀的幼兒慢。例如，Brennan 等人（2000）探究母親有慢性嚴重憂鬱症狀者和幼兒至 5 歲發展的關係，樣本共有 4,953 位，結果發現母親有慢性嚴重憂鬱症者和幼兒有較低的字彙分數、較多的行為問題有關。

換句話說，母親有慢性嚴重憂鬱症者的幼兒，有較低的字彙量和較多的行為問題。又如美國 National Institute of Child Health and Human Development Early Child Care Research Network [NICHD] (1999) 比較 1,215 位患有偶而或慢性憂鬱症婦女和從未罹患憂鬱症婦女，在教養上對其幼兒的母性敏感度和幼兒運作情形。研究方法是觀察當幼兒 1、6、15、24 和 36 月大時，參與者跟她們的幼兒玩時的狀態和婦女當時的憂鬱狀況。結果發現罹患慢性憂鬱症婦女對其幼兒最不敏感，且有罹患憂鬱症母親的幼兒，在 36 月大時，在認知語言運作上表現較差，較不合作，且有較多的行為問題。

其次，Hammer 等人（2017）指稱家庭成員有學習障礙者或語言障礙者、也是幼兒語言障礙的預測因子。Zubrick 等人（2007）也稱有遲語歷史的家庭，幼兒遲語是預料中的事。前面提到 Rescorla (2013) 的研究裡的 100 位語言表達遲緩的 2 歲德國幼兒中，78 位是遲語兒，18 位是因認知造成，4 位是自閉症，這些幼兒家庭有語言障礙歷史的佔 40%。換句話說，當家庭成員是語言障礙時，由於無法提供幼兒有利學習語言的環境，也易造成幼兒的遲語現象。

教養和照顧

　　父母的教養品質和參與會影響幼兒語言的發展。研究發現父母對幼兒的照顧品質和參與，對幼兒的語言、識字和數學發展有正向的效果（Hammer et al., 2017）。當照顧者以溫暖教養的態度，願意花時間陪伴小孩，提供刺激語言和認知的環境，如唸書給孩子聽，陪孩子玩，並建立孩子的生活習慣，孩子在這樣的家庭之下，學業有較高的認知和行為運作（Crosnoe et al., 2010）；反之若照顧者或忙於事業，或家庭瑣事，或有身心方面的疾病，而極少與孩子互動，或將孩子放在電視機前，或用手機來陪伴孩子，對孩子放牛吃草，疏忽孩子需求，孩子在欠缺人際互動和學習語言環境條件之下，易有遲語現象。呂信慧（2016）發現母親的教育程度能顯著預測遲語兒 4 歲時在溝通和日常生活兩領域的適應行為。

　　其他如照顧者對幼兒施暴，或過度嚴苛，造成幼兒恐懼、驚嚇，身心受創，也易有遲語現象。作者曾目睹一個 5 歲幼兒，父母離異，由阿公、阿嬤和其他家人來照顧，他完全沒有語言，要跟他做遊戲治療時，有極度的恐懼、焦慮和不安，一直尖叫、哭泣、逃避，跟社工

員去他家訪談，發現家裡有好幾支棍子，是準備他不乖時要打他的，所以這孩子的情緒是害怕的、驚嚇的，也就是驚入心（台語），有不安全的依附關係，無法與他人正常互動，自然也影響到語言的學習，可見教養品質對幼兒語言學習的重要性。可是 Zubrick 等人（2007）的研究卻認為教養品質和遲語沒有關連性。

學步兒期的早期行為運作

　　學步兒期的早期行為運作會影響其語言的發展和將來學業的成就（Hammer et al., 2017）。Henrichs 等人（2013）發現 18 個月大幼兒有遲語者，通常被他們的母親在兒童行為表現選單（The child behavior checklist），勾選有內在或外在行為問題。Caulfield 等人（1989）根據母親的觀察報告，比較 34 位 24 至 32 月大遲語兒與一般發展的幼兒，發現遲語兒在陌生環境有較多的害怕和害羞，睡覺時間有較多的行為問題，此外在玩和清理的時候，遲語兒比較愛哭、吼叫、打擊和丟玩具行為。Rescorla 等人（2007）在兩個診所調查學步兒遲語和行為、情緒問題，發現 18 至 35 月大的幼兒有遲語者，往往有偏高的社交退縮現象。Horwitz 等人（2003）指稱

18 至 23 月大幼兒，若來自低教育水準、低語言表達、
貧窮、高度教養壓力和父母報告憂鬱孩子的語言問題等
環境特質，幼兒易有遲語現象，但當孩子具有社會勝任
能力時，遲語現象就不存在，呂信慧（2016）發現，遲
語兒在 2 歲時，情緒行為達臨床注意比一般幼兒高，至
4 歲時在溝通、日常生活和社會等領域的適應行為也不
如同齡一般幼兒，可見社會勝任和語言學習有關。

　　其實社會勝任不只是語言學習的基礎，也是一切學
習的基礎，一個見到陌生人就哭、鬧、尖叫的幼兒，對
比一個能與陌生人對話的幼兒，學習效果自然有差別。
Vygotsky 的鷹架理論，談到面對困難時，他人的幫助能
提升自己的潛能，當幼兒與人互動時，他的情緒是驚嚇、
恐慌、逃避，怎能期待有良好的學習效果？

幼兒的語言狀態

　　首先，Rescorla (2013) 認為幼兒表達語言技巧是幼
兒表達語言能力的最好預測因子。例如 Henrichs 等人
（2011）發現預測 30 月大幼兒表達字彙的最強因子是
當該幼兒 18 個月大時，他們的的表達字彙能力。Fisher
(2017) 認定符合其研究準則的 20 個研究，做系統性的

文獻探討和分析，比較 2,134 位年齡介於 18 至 35 個月大遲語的學步兒，用後設分析的方式（meta-analysis methods）來探究遲語的預測分子，結果發現表達字彙量、接收語言是顯著的預測分子。Rescorla (2013) 的研究裡提到的德國研究 78 位遲語兒中，61 位只有語言表達遲緩，17 位則同時有接收／表達兩種遲緩。和一般幼兒比較，同時有接收／表達遲緩的幼兒，有較低的行為語言 IQ，而只有語言表達遲緩的幼兒，則沒有差異。第二，幼兒語言對話歷程技巧（language processing skills）也是幼兒遲語的預測因子。研究者發現幼兒 18 個月大時，在對話過程中，反應的時間和語法的正確是顯著預測一般幼兒和遲語兒後來在字彙上的成長，甚至預測幼兒 8 歲時的工作記憶（working memory）（Femald & Marchman, 2012; Marchman & Femald, 2008）。Rescorla (2013) 也稱這是非常有價值的發現，因為口語記憶缺陷是遲語兒最顯著強而有力和持續的缺陷。雖然 Femald 與 Marchman (2012) 稱語言語法表達過程的變異（variation），可能受幼兒天生基因因素的影響，但母親對幼兒說話的變異，卻顯現出是預測幼兒 24 個月大時，語法表達過程技巧的因子。

　　Smith 與 Jackins (2014) 指稱檢測最長發音的長度
（length of longest utterances〔LLU〕）可用於幼兒語言
表達能力的預測因子。Klee 與 Fitzgerald (1985) 指稱縱
使幼兒有能力使用較長的發音，但他們傾向選擇使用
呀、不、嗨、拜（bye）等較短的發音來表達同樣的意
思。Smith 與 Jackins (2014) 將 43 位遲語兒和 33 位語言
發展正常的幼兒分為兩組，來比較這兩組幼兒在 30 個
月大時的 LLU、平均發音長度（mean length of utterance
〔MLU〕），和當這些幼兒 42 個月大時，與 MLU 的
關係，來做為評估幼兒 LLU 是否為 MLU 的預測因子？
發現在幼兒 42 個月大時，LLU 是遲語兒組的顯著預測
因子，換句話說，與語言正常發展幼兒相比，遲語兒較
少使用 LLU。

　　綜合上述應用社會人口、家庭健康史、教養和照顧、
幼兒在學步期的早期行為運作和幼兒的語言狀態等五種
狀況，來評估幼兒遲語的危險因子時，發現有些危險因
子，如性別和種族是基因，這種天生遺傳的基因因素是
不能靠後天去改變，縱使去變性或是美容整形，基因還
是存在，並不因人為關係而改變。又如幼兒的語言狀態
雖是評估幼兒語言的危險因子，其實也是顯示幼兒從出

生到被診斷遲語時，所呈現出來的語言學習成果，所以幼兒的性別、種族和幼兒的語言狀態就不在本書的討論範圍之內。

至於有些危險因子則是可以來預防的，如低社經家庭若能應用外在資源，則能提升幼兒語言發展。Vallotton 等人（2012）發現啟蒙方案（Early Head Start programs）能提升男、女幼兒的語言發展和緩衝父母對幼兒語言發展的壓力，可見透過人為、教育的幫助，能降低幼兒遲語現象。Early Head Start programs 主要是針對幼兒在學校所表現的低成就與諸多不利因素，如貧困、低社經等外在環境因素，透過對學前幼兒的介入，期望能消除因不利因素，造成在智能上和學業成就上的持續衰退（陳長益，2000）。又如家庭健康史和調整照顧者是直接影響照顧者對幼兒的照顧品質和參與的，一位母親就分享，她說在孩子不到 1 歲時，就會發出爸爸、媽媽的聲音，但她為了照顧家中生病的老人，幾乎忽視照顧自己的孩子，後來孩子的這些發音就不再出現，到了三歲還沒有語言。若照顧者能提供幼兒語言學習的有利環境，多跟孩子互動，讓幼兒暴露在常有語言輸入和表達的場合，以便學習和練習語言，提升幼兒對語言的

使用率,或能改善幼兒的語言狀態,以上所談都是跟幼兒語言學習環境的建構相關。

至於幼兒的社交和情緒會影響其語言的學習,畢竟語言的學習是需要與人互動而習得,提升幼兒的社交和情緒,或能改變幼兒的人際互動能力,以便學習語言。

前面第二章提到五個理論的共同點,是:(1) 要提供幼兒的語言學習環境;和 (2) 幼兒要與人互動練習語言,是幼兒語言獲得的必要條件,這與本章所陳述的可預防危險因子是相呼應的,接下來就來談幼兒語言學習環境的建構。

第四章　幼兒語言學習環境的建構

　　在台灣，孩童從小學開始就在課堂上學英文，但是敢開口說英文的學生少之又少，甚至把學英文當作是一種艱困的難題，可是對生在美國的華裔而言，說英文卻是輕而易舉，原因在於英語是美國的國語，美國的語言環境提供生長在美國的人們學習英語和演練機會，華裔生長在此環境下學習，英語自然流利，所以語言環境的建構，是學習語言的基礎。對於幼兒而言，無力自己經營自己的語言環境，全須仰賴照顧者來建構。

第一節　照顧者建構語言環境的重要

　　Van Hulle 等人（2004）針對 386 位學步兒，進行基因、性別和環境對語言表達差異性的調查，發現不論男女，絕大多數學步兒語言表達都是受環境因素影響，可見幼兒成長中語言環境建構的重要。林璟玲（2006）指出幼兒到這世界是一張白紙，要學習語言，是需要在與人互動中，模仿與練習學來的，語言的表達先要聽懂對方在說什麼，然後依據當時的情況、自己的

情緒、態度，以及知道與人輪流來回應彼此的意見與需求，而幼兒的主要學習語言互動對象是照顧者，所以照顧者是幼兒學習語言的情境建構者。

Goldstein 和 Schwade (2008) 指出對於正在牙牙學語的嬰兒而言，社會環境是引導嬰兒練習語調結構的場域，照顧者不只透過持續回應嬰兒的牙牙學語聲，嬰兒學習新的口語型態（new patterns of vocalizing），也透過創造這種嘗試錯誤的環境，為幼兒建立傳統溝通認知的基石。Kuhl (2007) 指出，幼兒語言概念的發展，是藉著與照顧者的社會互動、社會回饋來提升。

幼兒溝通進化三階段

在一般正常發展情況之下，Cohen (2010) 指稱嬰幼兒 5 歲前，溝通的進化可分為三階段。第一階段屬於行為語言，是從出生開始的，在此階段嬰兒用哭、凝視、發聲和早期姿勢來跟照顧者溝通。第二階段屬於語言概念的建立，從 6 個月大至 18 個月大時，嬰兒開始展現出與照顧者從事溝通的意圖，其中最主要的轉捩點是共同注意（joint attention）的出現，也就是說嬰兒的眼光會和照顧者共同注意在同一目標和事物上，例如照顧者

拿著玩具車告訴嬰兒：「車、車。」嬰兒會把眼光轉移
去注意這台玩具車，在這共同注意過程中，嬰兒建立了
他對車的語言概念，並學習發出車的聲音。第三階段則
屬於學習和應用語言溝通期，是從嬰兒18月大開始的，
在此階段嬰兒一邊學習語言一邊應用，例如在與照顧者
的對話中，能思考照顧者的情感狀態，能自我控制，和
能用口語協商，但這都仰賴照顧者對嬰兒有所回應，若
照顧者對嬰兒的企圖溝通忽視或迴避，讓幼兒受挫，該
幼兒就無法持續有動力學習和應用語言，可見照顧者對
幼兒語言獲得的重要性。

幼兒學習語言的基本四要素

　　Roblin (1995) 提出幼兒學習語言基本的四個要素，
缺一不可。首先照顧者須跟幼兒從事發展上適宜的遊
戲，以增強幼兒的語言概念、認知和互動技巧。陳信昭
等譯（2014）指出幼兒的遊戲不只是娛樂消遣，還是提
供幼兒解決問題和表達情緒的一種管道，所以遊戲是充
滿了意義和重要性；幼兒的語言表達弱，甚至還沒有
語言，就可借助遊戲來溝通、表達，尤其當幼兒在遊戲
時，認知、情感、行為是完完全全的投入，所以照顧者

可透過與幼兒遊戲，提供語言的相關概念，介紹玩具名稱，如這是火車，這是高麗菜，這是狗，讓幼兒將東西形象與語言聲音相聯結，建立語言概念。Kuhl (2007) 也指出幼兒在語言的獲得之前，須具有一套基礎的語言概念能力後，才能學習語言，早期欠缺對語言型態的接觸，會造成一生語言學習能力不利的改變。例如從沒看過、聽過蓮霧、芒果、蘋果的人，怎知蓮霧、芒果、蘋果的樣子和發出的發音呢？照顧者透過對幼兒餵食、洗澡、逗弄、遊戲，或帶幼兒至鄰里社區與其他旁人互動時，介紹蓮霧、芒果、蘋果，讓幼兒有蓮霧、芒果、蘋果的認知和語言概念，進而能說出蓮霧、芒果、蘋果。Wulbert 等人（1975）的研究就發現遲語兒的照顧者比較少提供該幼兒刺激互動或遊戲的機會。Irwin 等人（2002）將 14 位遲語兒和 14 位一般幼兒做比較，這兩組幼兒不論在生理和認知發展上，都有正常接受溝通的能力，都能了解對他們說話的內容，但從兩組母親的報告和觀察中發現，遲語兒比一般幼兒展現出較高的憂鬱和退縮（depression/withdrawal）、較低的與人互動的扮演遊戲和模仿行為，且在兒童行為檢核量表（the Child Behavior Checklist）上，顯現出憂鬱和退縮行為相當嚴

重，也比較沒有興趣遊戲。

　　其次，幼兒須有談話對象，才能學習語言。Marvin (1994) 的研究發現，幼兒在上下學時，與父母在車上說話的內容和主題，比在家中多，且一旦幼兒有跟父母親對談的成功經驗，他們才有信心去找尋不同的談話對象；若照顧者不提供對談機會，幼兒就會壓抑在心裡，以發脾氣的型態表現出來，而不是透過語言來表達需求，可見照顧者提供幼兒成功會談經驗對幼兒語言發展的重要性。其他研究發現遲語兒母親較少去回應幼兒跟她的互動，傾向控制或主導幼兒的活動，讓幼兒較缺乏成功對談機會（Cohen et al., 1978; Cunningham et al., 1985）；相對的 Lasky 與 Klopp (1982) 卻發現遲語兒的照顧者和正常幼兒照顧者相比，她們與幼兒的互動並沒有明顯差異。Thal 與 Tobias (1992) 探討遲語兒和正常幼兒溝通姿勢發現，與正常幼兒相比，遲語兒不只使用很多的姿勢溝通，也利用姿勢來表達多方面的溝通作用。

　　第三，當幼兒要和照顧者溝通時，幼兒必須學習聽懂照顧者的語言，而這仰賴照顧者的回應互動，幼兒在此過程才能獲得語言。語言的溝通須要靠彼此有共同的語言，且能了解對方所陳述的意思，如聲音聽不清，語

意聽不懂，就無法正確的理解該語言所表達的意涵。在語言學習過程中，當幼兒企圖跟照顧者溝通時，照顧者就要有回應、鼓勵，以提升幼兒講話興趣，進一步學習理解語義，增加詞彙，和學會回應；照顧者若忽視他，不理他，或者制止他，這個幼兒就會感覺受到挫折，而失去講話興趣，他就不容易增加新字彙，也不會理解別人的語言意義（Roblin, 1995），可見語言學習背後的社交情意基礎。Whitehurst 與 Valdez-Menchaca (1988) 探討早期語言獲得過程中，發現特殊的語言表達遲緩兒童，也就是能了解語彙，但能表達的語彙卻有限的兒童，是由於把接收到的字彙（receptive vocabulary）轉化為表達的字彙（expressive vocabulary）的學習失敗所造成，而要補強這個差距，就要靠增強。他們發現社會媒介的增強（social mediated reinforcement），如注意、稱讚、和遵照請求等的增強，能提升孩童語言表達的動機，是學習語言實用性的關鍵。Bloom 與 Lahey (1978) 指出，照顧者透過重複幼兒嘗試要說的話，幫助幼兒學習說話，因為幼兒利用姿勢、手指東西、或者前後文來跟照顧者溝通時，聰明的照顧者能夠解讀幼兒溝通的意旨，並且以語言回應該幼兒，幼兒也藉此學習到溝通的語言。

　　社會互動觀點者主張，幼兒在與照顧者一唱一答互動的形式之下，輪流表達的語言輸入，啟發幼兒早期語言發展，也是幼兒獲得語言的主要原則（Bohannon & Bonvillian, 1997; Naremore & Hopper, 1997）。一唱一答式的語言輸入包括兩種範疇，首先，照顧者及時的語言輸入，與幼兒當時說出的話或企圖溝通的東西是相關的。其次，簡化的語言輸入可以樹立短的、可了解的、和非複雜語言結構的典範，讓幼兒了解並學習語言的表達（Bohannon & Bonvillian, 1997）。Hoff-Ginsberg (1986) 的研究發現，當與學語兒互動時，照顧者會有系統的修正他們的語言，使幼兒能參與社交上的溝通，更是支持這個觀點。Kuhl (2004) 的文章提到幼兒感激他人溝通意圖，共享目光注意的敏感性和渴望模仿，是幼兒語言學習的基礎。換句話說，學語前的嬰兒藉著從他的母親回饋的聲調中發現聲韻的型態（phonological pattern），學習新的聲音形式（vocal form），然後將新的形式再普遍化（generalizing），所以社會回饋（social feedback）是幼兒學習表達語言的必要條件。

　　Cohen 等人（1978）發現，遲語兒的照顧者比較少去回應幼兒跟她的互動。Irwin 等人（2002）的研究發現

遲語兒和一般幼兒比較，表現出較低的社會化行為，在
「嬰幼兒社會情緒量表」（the Infant-Toddler Social and
Emotional Assessment）評估上，遲語兒比對照組表現出
更多的不順從行為，在「親職壓力檢核表」（Parenting
Stress Index）上，遲語兒的照顧者則顯示出較高的親子
互動不良。

　　第四，幼兒須有好的學習語言典範，才能助長語言
發展（good language models）。當照顧者樹立好的語言
典範，並了解幼兒語言發展的層次，他們回應幼兒的態
度，會助長幼兒的語言發展。吳培源（1979）研究顯示，
親子互動多寡會影響幼兒語言表達的行為，親子互動較
好的幼兒，語言使用字數較多，語言表達能力較好；相
對的親子互動不良的幼兒，語言使用字數較少，語言表
達也較壓抑。Girolametto 等人（2002）探究加拿大和義
大利兩國的遲語兒照顧者與幼兒的互動情形，發現義大
利的照顧者們比加拿大的照顧者們，使用較多的口語表
達，說話較快，並且使用較多樣式的辭彙；相同的義大
利的幼兒也模仿他們的照顧者，使用較多的口語表達，
說話較快，並且使用較多樣式的辭彙，顯示照顧者對
幼兒說話的方式和頻率，正是教導幼兒語言或溝通的方

式。可見照顧者對於幼兒的語言發展，具有關鍵地位，因為他們是幼兒語言發展關鍵期，最常接觸、最常互動的主要教師（Brown, 1977; Newport et al., 1977）。

　　基本上，照顧者與學語兒互動時，會簡化她們的語言，讓幼兒來參與社會溝通（Bohannon & Bonvillian, 1997; Naremore & Hopper, 1997）。Rhyner (2007) 以社會互動理論語言獲得的原理：(1) 幼兒在與人互動環境中，因受到鼓勵而獲得語言；和 (2) 成人語言的輸入影響幼兒語言的學習這兩個原則，分析照顧者與學步兒共同閱讀時，照顧者的語言特質，對幼兒的正向或負向影響，發現當以幼兒的語言為基準，照顧者的語言若稍微複雜一些，比低於幼兒基準者更能助長幼兒語言的學習，他也發現面對學語兒，照顧者較少使用複雜的句子。總之，幼兒須仰賴照顧者建構語言學習環境，製造機會讓幼兒有對話機會，幼兒才能學習語言。

第二節　遲語兒照顧者在語言學習環境建構上的特質

　　為探索遲語兒照顧者在語言學習環境建構上的特質，王秀美等人（2012）訪談 10 位參與者，其中 7 位

是遲語兒的母親（3 位先給家中長輩照顧，後因遲語問題接回家自己照顧）和 3 位是家中長輩（後因遲語問題，母親就自己帶），資料顯示，遲語幼兒的照顧者在建構語言學習環境方面是缺乏的。

缺乏培養與幼兒互動來營造學習語言的氛圍

　　幼兒語言的學習需要照顧者提供互動的情境，鼓勵幼兒表達，願意學習，逐漸開啟幼兒學習語言的認知。至於提供互動的情境的方式，首先就是會逗弄幼兒，陪幼兒玩，其次是跟幼兒講話的語氣能催化幼兒的回應。但從訪談內容卻發現遲語兒的照顧者在逗弄幼兒，陪幼兒玩的部分很缺乏，其次是制止幼兒不當行為時的口氣讓幼兒很害怕。

缺乏逗弄幼兒及與幼兒玩的互動

　　照顧者回顧與遲語兒的互動經驗，紛紛表達出自己在陪伴幼兒上的限制，以及在時間不足、工作忙碌、體力不足和心情不佳的狀況下，缺乏逗弄幼兒與陪伴幼兒玩耍。

　　如幼兒甲的主要照顧者阿公甲表達自己身為男性、

年紀已老，實在不知道如何和那麼小的幼兒玩，在言談中透露一股無奈，不知該怎麼做。幼兒己的照顧者阿公己也說自己由於年紀大，體力不好，無法陪孩子玩。

「我是一個男生，年紀快七十歲，不知道怎麼跟他逗弄，也不知道怎麼跟一個一歲多的幼兒玩。」（阿公甲）

「我就是餵他吃飯，哄他睡覺，至於逗弄他或陪他玩，比較沒有，因為年紀大，體力也不好。」（阿公己）

如幼兒丁的主要照顧者丁媽媽、幼兒戊的照顧者阿嬤戊、幼兒丙的照顧者丙媽媽均忙於家事、照顧家中其他老人家、操心家中其他家人，所以沒空逗弄幼兒或陪孩子玩：

「那時候沒有人可以照顧他啊！我又要照顧兩個老人家，又要做家事，所以陪他的時間真的很有限，因為老人家也沒辦法陪他啊，所以只能以最安全的方法來保護他，就是把他一個人關在房間裡面吧！」（丁媽媽）

　　「我又要忙家事，又要照顧他，所以只好把他單獨放在電視機前的嬰兒床。」（阿嬤戊）

　　「因為是第一個孩子嘛，感覺好像措手不及，我喜歡上班，不喜歡帶孩子，我婆婆身體也不好，糖尿病十幾年，我想說別人帶，我先生也說不放心，我就自己帶，可是娘家出了一些狀況，可能操心家裡，變成我的情緒比較浮躁，悶悶不樂，雖然會陪在他旁邊，但是沒心情逗弄他或陪他玩。」（丙媽媽）

制止幼兒行為時讓幼兒產生恐懼害怕

　　幼兒對於聲音有高度敏感，當照顧者在制止幼兒的行為時，若是不恰當，聲音太大聲，幼兒會因為驚嚇過度而恐慌焦慮。以下是幼兒甲主要照顧者阿公甲和觀察者媽媽甲在談論幼兒甲對於不當制止時的情緒和行為反應。

　　「照顧孫子責任很重大，我很害怕他受傷，他如果亂動東西，我很著急，就說『不能』、『不行』、『不可以』，他在旁邊就很退縮，很害怕，哭了出

來，後來就變得很怕生，也很畏縮。」（阿公甲）

「我發現我公公在帶孩子時，用很多『不能』、『不行』、『不可以』這種口氣，我很直覺的感覺到，問題就出現在這裡，我跟先生很少在責怪孩子，我們都很關愛孩子，可是我的孩子怎麼會變那麼退縮，常常什麼事都不敢做，也不敢面對人。我就開始觀察我公公跟小強互動的情形，我發現每當我公公說『不能』、『不行』、『不可以』，小強就縮在旁邊，滿臉恐懼。」（媽媽甲）

阿嬤戊在談論她對幼兒戊的制止行為，以及媽媽戊談到她的兒子對阿嬤戊的反應：

「他很好動，東西亂拿，我就大聲跟他說『不能』、『不行』、『你再這樣我就打你』，可是說也說不聽，我就罵他，後來他的父母發現他到了四歲多還不會說話，就帶他回去自己照顧。」（阿嬤戊）

「有時我帶孩子回家，當我要送他回去我媽媽家時，只要看到門前的大樹，孩子就一直哭鬧，不要進去。我觀察我媽媽與孩子的互動，我媽媽時常

說『不能』、『不可以』的獨裁式的命令話語，孩
子的反應是懼怕、畏縮。」（媽媽戊）

缺乏提供幼兒語言互動練習的機會

　　幼兒語言的學習是需要透過與人互動的過程中，經
過觀察、模仿與口語練習而獲得的，若是幼兒缺乏互動
練習機會，則無法獲得語言。而透過訪談卻發現照顧者
在照顧幼兒時，或是察言觀色式，或是滿足生理需求式，
或是幼兒獨處式等照顧方式，缺乏提供幼兒語言互動練
習的機會。

察言觀色式的照顧方式

　　照顧者由於熟悉幼兒的需求，幼兒的一個動作或表
情，不須透過語言，照顧者就即時提供，以致於剝奪了
幼兒語言互動與練習的機會。

　　　「我們家的小孩子就是他最小，其他的都是大
的，爺爺、奶奶、我跟我先生四個大人就顧他一個。
其實我們已經知道他這個時候差不多要喝奶奶，或
是要吃東西了，所以他只要『嗯』一聲，根本都還

不用講，我們就知道他的需求到底要做什麼，就會去拿來給他。我在想會不會是因為這樣子，導致小孩子在語言學習上就比較慢，因為他不用講，我們就能滿足他的需求。」（媽媽乙）

滿足生理需求式的照顧方式

此種情形是照顧者在幼兒旁，但以滿足幼兒的生理需求為主，至於與幼兒語言的對話則很少。幼兒己的主要照顧者阿公己在述說照顧幼兒己的情形說：

「由於孫子的媽媽有兩份工作，很忙，就由我來照顧，我就是餵他吃，讓他不生病。至於互動方面，由於年紀大，體力也不好，所以較少。（訪談者：您會逗弄他，教他說話嗎？）就是跟他說阿公、阿公，其餘就很少，加上外面空氣很髒，孩子抵抗力弱，所以我很少帶他出去。」（阿公己）

幼兒己的媽媽觀察阿公己照顧幼兒的情形，也呼應阿公己以照顧幼兒己的生理需求為主要考量的說法，她說：

「阿公就是吃飯時間到就餵他東西，然後中午哄他睡個覺，不要讓他餓，不要讓他著涼，且因為阿公的觀念認為外面空氣很髒，他不想把小朋友帶出去，所以也不喜歡帶孩子出去與人互動，連騎腳踏車這種東西，阿公都認為外面很髒，沒有讓他去學。」（媽媽己）

在訪談幼兒甲照顧者阿公甲的對話裡，也提到這種以滿足生理需求為主的照顧方式。

「我是一個男生，年紀快七十歲，不知道怎麼跟他逗弄，也不知道怎們跟他玩。以前我的小孩子都是我太太在照顧，所以我也不知道怎麼照顧孫子，我有時會帶他去找鄰居，但次數不多。有時牽著他的手在家前面的路上散步。我就是泡牛奶給他喝，幫他換尿片，至於對話就比較少。」（阿公甲）

幼兒獨處式的照顧方式

照顧者不在幼兒旁邊，讓幼兒長時間獨處，而不與幼兒對話互動。以下是幼兒丁的照顧者媽媽丁在描述她照顧兒子的情形：

「其實我兒子在嬰兒時期三、四個月都很正常，到了四、五個月大時，由於兩位老人家生病，需要照顧，又要做家事，我很忙，就把房間裡的安全措施做好，把小孩一個人關在房間裡，放電視給他看，放音樂給他聽，玩具讓他玩，有別的東西轉移注意力，他就不會要找媽媽，然後我就離開去做我的事情。他可能這樣子就習慣了，跟我們的互動就很少，他大概七、八個月大時，我們叫他，他就不是有很大的反應，九個月十個月大時，跟我們互動就更少，很少會找我們，因為自己一個人獨處時間比較長，所以他也不會找爸爸媽媽，到兩歲多還沒有語言。」（媽媽丁）

幼兒戊照顧者阿嬤戊在述說照顧孫子的情形，也說很少有語言上的互動。

「由於他的媽媽在外地上班，很忙，就由我來照顧。我因為家事很忙，又要照顧家人，又要整理內外，所以我是比較少跟他互動，等我整理完了家事，我才去餵他喝奶，幫他換尿片，大部分的時間都是他一個人在他嬰兒床內，我開電視讓他看。（訪

談者：請問您有帶他出去跟鄰居互動嗎？）也很少，
偶而會帶他出去鄰居家坐，因為我家事實在很忙，
加上年紀也大，體力也不好。」（阿嬤戊）

個案戊的媽媽戊觀察母親照顧自己孩子的情形，也
發現母親很少跟自己孩子說話互動，就是讓孩子獨處。

「我星期六回去看孩子時，就觀察到我媽媽都
是把他放在電視機前的嬰兒床，開電視給他看，直
到我媽媽忙完家事，或到中午或傍晚才餵他，有時
孩子哭了會幫他換尿片，至於互動就比較少。」（戊
媽媽）

照顧者缺乏鼓勵幼兒繼續練習語言的回饋

當幼兒發出咿咿、呀呀的聲音時，照顧者若是注視
幼兒，並給予幼兒回饋時，會鼓勵幼兒持續學習語言，
但訪談內容卻發現照顧者對於遲語兒的發音或是不回應
或是根本不在幼兒旁邊，無法回應。

照顧者不回應或很少回應幼兒

　　部分照顧者自述雖在孩子旁邊，但由於個人的情緒問題或不知怎麼跟孩子對話，因此當孩子發出聲音時，他們或是不回應，或是很少回應。以下是幼兒甲照顧者阿公甲的自述。

　　　　「我是一個男生，年紀快七十歲，不知道怎麼跟他逗弄。他發出聲音時，我不太會去回應。」（阿公甲）

　　幼兒丙照顧者媽媽丙在回想她照顧幼兒時，由於有產後憂鬱症，所以沒有心情回應。

　　　　「可能我本身心理上有點問題啦！就是說那時候因為可能操心家裡，又是產後憂鬱，所以我對於我兒子都是陪，而不像有的媽媽會一直自言自語跟他講，有的人會一直跟孩子笑，逗他玩，說話嘛！我那時候好像沒有，偶爾會逗他，沒有像一般人那麼勤啦！」（媽媽丙）

　　阿公已回想過去照顧孫子的情況，他因為年紀大，體力較弱，對於孫子的發音，也很少回應。

「我會教他說阿公！阿公！其餘回應就比較少。」（阿公己）

幼兒己的媽媽己回想下班後，因為很累，對小孩的回應也很少。

「我晚上下班後，他跟我講話的時候，我有時候覺得很累，所以我只要他不要吵我，乖乖就好。」（媽媽己）

照顧者不在旁邊無法做出回應

部分照顧者自述由於有其他事情要處理，無法全心照顧幼兒，當幼兒發出聲音來時，她們因不在幼兒旁邊，無法對幼兒做出回應行為。

幼兒丁的照顧者丁媽媽在訪談中，說到自己為了照顧長輩，無法回應幼兒丁的理由。

「那時候因為要照顧長輩都很忙，所以就把孩子單獨關在房間裡面，無法跟他互動。」（媽媽丁）

幼兒戊的照顧者阿嬤戊回想自己照顧孫子的情況，她說自己家事太忙，因而無法回應孫子。

　　「我由於家事很忙，所以大部分時間都單獨把
孫子放在電視機前的嬰兒床，然後去忙我的事。」
（阿嬤戊）

　　綜合上述訪談摘要，顯示出照顧者對幼兒語言環境
的建構方面，如缺乏逗弄幼兒及與幼兒玩的互動、缺乏
提供幼兒語言互動練習的機會，與缺乏鼓勵幼兒繼續練
習語言的回饋，都與 Roblin (1995) 提出幼兒學習語言基
本的四個要素相違背。幼兒在缺乏照顧者建構語言學習
環境的情境下，因語言刺激不足而有遲語現象。

第五章　幼兒學習語言的社會互動基礎

　　幼兒語言的學習不僅要暴露在所學語言的環境中，也要與他人的互動才能習得，因為語言的輸入、輸出，都要借助與他人一來一往的對話中習得，因此本章就來探究幼兒學習語言的社會互動基礎。

　　語言是實用的溝通工具，但語言的獲得並不是一件容易的事。語言獲得包括學習過程和結果表現（Bloom & Tinker, 2001; Ervin-Tripp & Slobin, 1966）。Warren 與 Rogers-Warren (1982) 指稱語言的學習牽涉到在對的時間，用對的方式，說對的事，所以語言學習不只是學習一個密碼的意義（語意），或在句子裡系統的順序（語法），還必須學習如何和何時（how and when）在社會互動的情境中，使用合適的語言來表達，所以學習語言必須包含社會能力的發展。換言之，語言這種工具牽涉到在人際互動中，對情境的認知評估，接收訊息的轉譯與再呈現，這種實務上的能力，是須要在社會互動的基礎上演練，才能達到的（Gormly & Brodzinsky, 1993;

Warren & Rogers-Warren, 1982）。

幼兒語言學習的兩個階段

　　幼兒語言的獲得，主要是從出生後與照顧者經過口語和行為語言（verbal and nonverbal）的互動溝通歷程中，逐漸累積，慢慢形成語言的能力，所以幼兒語言的學習不只須要照顧者提供語言學習的情境，也牽涉到幼兒的社交互動能力。

　　Locke (1994) 主張幼兒學習語言有二階段，第一階段是社交和情感階段；和第二階段開始獲得話語階段。第一階段是屬於全社交控制（prosocial control），當幼兒出生後還未有語言前，照顧者與幼兒互動，幼兒觀察照顧者的臉部表情和聽聞照顧者的聲音，並解讀照顧者釋出的是善意與否，再以聲音和肢體回應照顧者情感的訊息，並逐漸熟悉、理解照顧者所發出聲音的意涵，所以前提是幼兒與照顧者在情感和社交的互動上，有良好的依附關係後，才能有開啟幼兒獲得話語的第二階段。

　　在第二階段幼兒透過照顧者對他語言的輸入的理解和回應而獲得話語。幼兒遲語因素就是在第一階段上未建立有效溝通，以至於無法進行第二階段開始獲得話

語。Warren 與 Rogers-Warren (1982) 也強調在訓練幼兒說話時，照顧者必須對幼兒溝通的企圖有所回應，幼兒在此鼓勵下，才會繼續對話。以下首先對第一階段的社交互動，其次再就情緒部分來說明。

第一節　社交互動與語言學習和遲語的關係

語言是與人溝通的工具，溝通要互動，有互動才能溝通，尤其在語言學習上，互動更是關鍵。

從出生開始，幼兒靠著跟照顧者以肢體語言、哼哼哈哈的互動溝通中學習社會互動能力，是屬於第一階段全社交控制，為第二階段語言學習建立所需的社會互動技巧基礎。根據 Kuhl (2004) 和 Mcquaid 等人（2009），幼兒和照顧者之間的社交互動是幼兒最基本的社會環境（social milieu），嬰兒早期社會、情緒和認知發展是綁在與照顧者的親密互動上。對嬰兒發展而言，這種早期面對面的互動歸屬於互惠的、回應的社交互動技巧，這也成為嬰兒未來學習語言的基礎。照顧者創造一個與孩子進行社交互動機會的氛圍中，跟幼兒進行語言和非語言的溝通，幼兒在似懂非懂的狀況下，對照顧者回應或表達需求，也在此情境下，為後來幼兒跟照顧者學習語

言的基礎。

　　幼兒若沒有與照顧者建立社交互動關係,在語言學習靠互動的需求下,幼兒就沒有學習語言的機會。Kuhl (2004) 指出社會互動的剝奪對於語言的學習是極其不利的,因為幼兒早期的社會覺知(early social awareness)可以預測以後語言的技巧。Bloom 與 Tinker (2001) 企圖探究 1 歲多的幼兒,如何在認知、情感和社會連結的脈絡發展下,意圖投入(Engagement)和努力(Effort)去學習語言的動機。投入是指在環境上有能引起幼兒語言學習動機的人,當幼兒感覺有趣時,就願意投入情感來與之互動並學習。努力則是指幼兒對於企圖表達的人、事、物等,不只要表達出來,還要能清晰的區辨彼此的差異。換句話說,就是在何種情況下,幼兒願意投入和努力來學習語言?他們發現幼兒大約在 13 個月大時出現第一個字,2 歲左右時則有簡短的句子出現,至於各個幼兒語言發展的差異性,則與幼兒的情緒表達、幼兒的說話和照顧者清晰的說話相互關連。該研究的結論是 (1) 幼兒在與照顧者互動的表達和解釋的行動中,語言被誘發出來並進一步學習;(2) 語言不是獨立的事件,幼兒語言的獲得和幼兒的發展相關;(3) 語言的表達和

解釋要與所表現的行為協調一致，才不至於發生語言與行為語言不協調的現象，而這是須要被鼓勵，才能誘發幼兒努力學習去獲得語言，所以語言的學習並不是一件容易的事。Goldstein 與 Schwade (2008) 發現當嬰兒發出牙牙學語的聲音時，若照顧者給與回饋的聲音，嬰兒會快速的再結構他們的語聲調，做進一步表達，至於照顧者未給與回饋的嬰兒，就沒有這種現象，可見照顧者對學語兒的社交互動、鼓勵回饋是幼兒學習表達語言重的要因素。Thal 等人（1991）研究發現遲語兒無論在社交與情感階段，或開始獲得話語階段，都嚴重缺乏與人互動，接收到太少的語彙，而形成語言表達遲緩，所以照顧者創造讓幼兒有機會與人互動對話的社會環境，是幼兒學習語言的必要條件。

第二節　情緒與語言學習和遲語的關係

Ochs 與 Schieffelin (1982) 探究幼兒語言的獲得和社會化的過程，發現兩個現象，就是 (1) 語言獲得的過程深深受到幼兒成為社會勝任者過程的影響，畢竟，一個充滿恐懼、害怕、驚嚇、逃避等情緒的幼兒，如何有心來與人互動投入學習呢？和 (2) 要成為社會勝任者的過

程，是要透過語言來了解社會運作、社會分配和社會情勢，所以幼兒社會化和語言獲得過程相輔相成，缺一不可。

在幼兒社會化的過程，情緒調適和語言學習是重要的課題，因為幼兒要融入社會，語言溝通是必要的，溝通時的情緒調適更是關鍵，所以幼兒情緒調適、社交和語言發展是環環相扣的，情緒調適影響社交，社交能力影響語言發展，相對的語言能力也影響社交和情緒調適（Feng et al., 2008; Fujiki et al., 2002; Mcquaid et al., 2009）。Benner 等人（2002）針對 26 篇研究做文獻探討，發現約 71% 被診斷有情緒障礙孩童，在臨床上也顯示嚴重的語言障礙，大約 57% 被診斷有語言障礙者，也同時被認定有情緒障礙。陳信昭等譯（2014）指出一個在地上打滾，哭鬧，充滿破壞性和憤怒的幼兒是很難溝通的，會干擾人際互動和語言學習，所以當一個幼兒被情緒所淹沒時，語言的學習被嚴重的阻礙，可見情緒調適對幼兒語言學習的影響。林亞嬋（2013）的研究發現遲語兒呈現出較多情緒行為問題和退縮症狀。

第三節　遲語幼兒與人互動回應方面的特質

　　既然幼兒須具備社會情緒和互動能力，才能開啟語言的學習歷程，王秀美等人（2012）的研究發現遲語幼兒在社交上回應、情緒和行為方面，具有不利學習語言的特質，以下就這些特質加以說明。

不會回應別人的呼喚

　　遲語幼兒的母親觀察與幼兒的互動情形，以幼兒不會回應別人的呼喚來描述。

　　　　「他連嗯、嗯、嗯的答話都不會，跟我們的互動也很少，你去逗他，他還是會笑，可是沒有什麼反應，注視比較少，只會動來動去靜不下來，對爸爸媽媽的呼喚，他一點反應都沒有，只依照自己的本能，完全沒有危機意識，反正他不會注視人家，對別人的呼喚也沒有反應，然後也不會找爸爸媽媽，看到什麼就一直 high，一直跑，一直跑，我不知道是不是我們太少和他互動，所以也沒有訓練他對人有反應。」（丁媽媽）

　　「不曉得是不是我們不知道他要表達，還是怎樣？要睡都用哎的。從小他就是自己推著小推車，他在那邊玩，推、推，大概推了半個小時，叫他他不理你，他沒理我們，我也沒有繼續鼓勵他，要他回應我們。」（己媽媽）

用手「指」來表達需求

　　被訪談的照顧者和幼兒母親被問及幼兒如何表達需求的時候，他們都提到用手「指」。

　　「會用手『指』，或『嗯』來表達他的需求，若不滿足他的需求，他就哭叫，他的阿公、阿嬤就會出現說：『給他，給他，不要讓他哭。』不知道是不是這樣，所以他更不需要使用語言。」（乙媽媽）

　　「他會用手指他要拿或玩的東西，例如他喜歡玩開關，他就用手指著開關，要人家抱他去開關的地方，讓他可以操作，若不帶他去玩，他就哭鬧，反正阿公也拿他沒轍。」（甲媽媽）

第四節　遲語幼兒在情緒和行為方面的特質

害怕的情緒

遲語幼兒遇到陌生人或環境時，有的情緒反應是害怕、退縮，根本無法與人互動，因而缺乏學習語言所具備的社會情緒和互動能力。

> 「他很黏，沒有辦法去跟人家溝通，而且有一陣子他看到人，就會退縮、驚嚇的躲到廚房，我們當下也不知道要怎麼幫他，就只知道他跟別的孩子不一樣。」（甲媽媽）

> 「他完全不會說話，也不會跟人互動，遇到陌生的環境，會很慌亂、退縮，趕快躲到他爸爸的身邊，我們想要安撫他，他也不接受，有時候也弄得我們很無奈。」（戊媽媽）

哭鬧的情緒

有些遲語幼兒母親表達在與幼兒互動時，幼兒無法用言語溝通，常以哭、鬧來表達情緒或是需求。

　　「開始一接觸到我兒子時,他很黏。我發現他怎麼跟別的幼兒不一樣,不管是有需求、要找我或遇到陌生人,他完全用哭來表達他的情緒,他沒有辦法跟人家溝通,而且有一陣子他看到人,就會退縮躲到廚房。我感到非常無助,不知道該怎麼辦。」(甲媽媽)

　　「可能小的時候,我不喜歡他靠近我,所以他很黏他爸爸,當他看不到爸爸時,他就尖叫、哭鬧,帶他出去時,常要找他,怎麼哄都沒用。」(戊媽媽)

　　「他的情緒起伏很大,他的 EQ 很低,只要我一離開他的視線,他固執性很強烈,就會一直叫,一直哭,一直鬧,這也是一種學習障礙,因為他不聽指揮,也不聽指令,所以造成他有很大的學習障礙。」(丁媽媽)

攻擊的行為

　　遲語幼兒在遇到不如己意的挫折與衝突時,傾向於使用攻擊行為來表達生氣和不滿。

「我先生是獨生子，我公公就說家裡還要再生
一個男的。由於他是家中唯一的小男孩，全家都很
寵，現在大一點會講他，可是大部份，像現在他 3
歲 5 個月，比如說跟姊姊有爭執，阿嬤就會跟他
的姊姊說，你就讓你弟弟一點，養成現在是弟弟搶
姊姊的東西，有時候搶東西搶不過，弟弟站起來就
把姊姊的東西踢倒，姊姊就不跟他玩，造成他變成
比較孤立。而且你說他的話，他那種反應力很大，
他可能在疊東西，然後你說他，他就直接拿東西扎
你。」（乙媽媽）

「因為他都沒有語言，他跟姊姊有衝突的時
候，他會去咬人，我們家二姊最可憐，因為他最喜
歡跟她玩，年齡最接近，所以就是被他咬得最可憐，
這就是他解決衝突的方法。」（庚媽媽）

自我傷害的行為

遲語幼兒遇到困難時，除了表現出攻擊行為外，還
會進一步以自我傷害行為來發洩情緒或表達自己。

「我兒子有一個動作是他會去撞頭，而且他不

管任何東西他都會去撞，他跟姊姊有衝突的時候，因為他都沒有語言，所以我又發現到了，如果說瘖啞的孩子情緒會這麼糟糕，是因為他沒有辦法表達，去紓解心中的壓力，他講不出來就去撞頭。」（庚媽媽）

「他生氣時會去撞頭，所以我們家是他的高度多高，我的海棉墊就做到多高，他的床、我們的臥室，都去找海棉墊，把它做成圍護的作用。他那時候還小，我們那時候買車，我們要回鄉下去，都是抱在我身上，然後我身上的淤血是從他成長的高度，就可以這樣一直慢慢的到這邊，因為他習慣用頭撞，我幾乎抱不住了，他不高興就撞我的手臂。我猜他是不是哪裡不舒服，然後他又沒辦法講，他這樣去撞的時候，可能覺得很舒服，達到一個平衡也不一定。」（庚媽媽）

「如果做錯事情他自己有時候也會知道，例如他打翻茶或是做了什麼事情，你跟他說：『看你做了什麼事？』他知道做錯什麼事情，他會先打他自己。那我們現在就跟著他說，不用打打，下次不要這樣就好了。現在我們就盡量要求他不要打自己，

因為現在是他自己做錯事情，可能認為人家會處罰他，所以他就先打自己。」（丁媽媽）

從上述訪談資料顯示，遲語幼兒在與人互動回應方面的特質方面，包括不會回應別人的呼喚和用手「指」來表達需求；至於遲語幼兒的社會互動能力，在情緒和行為方面的特質則是害怕的情緒、哭鬧的情緒、攻擊的行為和自我傷害的行為，可見遲語幼兒的社會互動的能力和情緒調適是較弱的。

第六章　照顧者的教養模式和幼兒語言發展

　　心理治療理論家如 Freud、Erikson、Beck、或 Ellis 等人，都非常強調照顧者對幼兒 6 歲以前人格的影響（Corey, 2017）。其實照顧者的教養模式和與幼兒的依附關係不只對幼兒人格有影響，對幼兒語言的發展也一樣有重大影響。

　　幼兒學習語言的兩個條件就是幼兒的語言學習環境和幼兒的社會勝任，而這都有賴照顧者透過教養來建構。Carson 等人（2007）指出照顧者不適任、不合宜的語言示範（language modeling）、缺乏一致性、缺乏親子互動、對孩子行為的負向回應和教養壓力等因素，都與幼兒語言發展遲緩有關，可見照顧者的教養模式對幼兒語言發展的影響。

第一節　照顧者的教養模式

　　Baumrind (1967) 把父母與孩子溝通、回應，和對孩子行為的控制特質，依據照顧者教養時呈現的溫暖

／控制程度（warmth and control）和要求／回應特質
（demandingness and responsiveness）分為三種型態，就
是：(1) 威權型（authoritarian）；(2) 放縱型（permissive）；
和 (3) 權威型（authoritative）。Maccoby 與 Martin (1983)
擴大 Baumrind 的主張，介紹第四種教養型態，就是漠
不關心 - 不干涉型態（indifferenct-uninvolved style），
也就是拒絕 - 忽視。Mills 等人（2007）則提出第五種型
態，即過度保護型（overprotection）。這五種教養型態
顯示的是父母對孩子的教養態度和行為，而幼兒的語言
發展也會因不同的教養型態而有所不同。

威權型（authoritarian）

　　俗語說：嚴官府，出厚賊（台諺語），是威權型教
養模式的寫照。Baumrind (1967) 指稱威權型的教養模
式是以照顧者為中心來教養幼兒，照顧者依自己的威權
設立標準，畫個界線，強迫幼兒要絕對遵從，而不是理
性的評估幼兒的需求來教養。高要求、不回應、沒有彈
性可說是威權型教養模式的特質，幼兒若稍加反抗就認
為是忤逆、反叛，最常說的口語是「不可以、不能、不
行，你都說不聽，或你有夠搞怪（台語）」等。他們採

用嚴厲口氣教訓，少有關懷和尊重，並利用處罰和強迫手段來達到他們的要求，不做任何解釋，也不鼓勵口語的對話溝通。Lagace-Seguin 與 d'Entremont (2006) 指稱生長在威權型家庭的青少年，由於長期受到限制和責備，會認為自己不夠好，所以在自信和自我概念的分數都較低。Timpano 等人（2010）發現獨裁型的教養型態和強迫症（obsessive compulsive symptoms）以及強迫症相關的失能信念（dysfunctional beliefs）等精神疾患有關。一位 7 歲兒童，有拔頭髮的強迫症狀，在遊戲治療室裏，一直打打擊袋，問他打誰，他說是父親，問他的父親對他的期待，他的父親說孩子目前雖只有 7 歲，但期望他有 17 歲的表現，這種高期待，造成了孩子因為無法達到父親要求而產生壓力、憤怒、委屈和強迫症狀。Davidov 與 Grusec (2006) 指出照顧者用處罰或讓孩子痛苦的方式來面對孩子負面的情緒時，孩子在跟同儕互動時會表現更強烈的負面情緒和更差的行為表現。Mills 等人（2007）指出照顧者的敵意或生氣造成孩子自責、羞愧、被拒絕和退縮的心理，因而影響其個人內在（intrapersonal）和人際（interpersonal）的運作能力。

　　Carson 等人（2007）根據家有遲語兒的母親的自

我陳述，發現她們的家庭是比較屬於威權型態，不但不擅長交際，且趨於完美特質，無法接受錯誤，當有錯誤時，就是指責，沒有教導，所以家庭成員缺乏凝聚力、表達能力和民主的家庭溝通模式，這些母親把自己和其配偶在對孩子教養上，歸類在比較缺乏養育（nurturing）和較多懲罰性的教訓、批評、指責。Cunningham 等人（1985）也指出，和語言發展正常的幼兒的照顧者比較，遲語兒的照顧者比較少和幼兒互動，對於幼兒的活動傾向較多的控制或命令，與幼兒的互動或玩較少正向的回應，以及較少與幼兒從事順從或合作的行為。從上述研究可見，威權型教養不論對幼兒在社會勝任上的能力培養，或建構幼兒的語言學習環境都是缺陷的，這對幼兒語言的學習和發展是相當不利的。

放縱型

放縱型的教養模式對幼兒是低要求，多回應。照顧者在教養上非常散漫，沒有設限、沒有準則，一味迎合幼兒，不要求發展幼兒合宜的社會行為和良好的生活習慣（Baumrind, 1967）。這種教養模式由於對幼兒沒有要求，幼兒只要表達就立即滿足他，在未教導幼兒行為

規範的情況下，易造成幼兒以自我為中心，要他人全部配合他的需求，沒有規範，不會考慮別人感受，也沒有責任感。傳統教養上只要小的哭、鬧，就說「大的要讓小的」的觀念，對小的就是放縱型教養模式，造成大的很委屈，小的很驕縱，當然也容易造成兄弟姊妹之間的衝突。這種照顧者對小的有求必應的教養模式，易養成小的有立即滿足（Instant or Immediate Gratification）的特質。

立即滿足這個術語首先是被佛洛伊德（Sigmund Freud）用來描寫本我（id）的角色，本我是以快樂主義為原則，想要立即滿足本能衝動慾望（Corey, 2017），而這種立即滿足幼兒本我衝動慾望的特質，對幼兒是一生的傷害，因為養成幼兒無法等待，無法忍耐，耐挫力低的性格。一般人當幼兒用哭鬧來要求東西時，就會說「給他，給他，不要讓他哭」，是一種急須去思考其後果的不良教養觀念，照顧者須分清楚需求（need）和慾望（want），以避免養成幼兒立即滿足的特質，影響其未來在情緒和社交能力上的發展。

施淑慎（2012）指稱美國史丹福大學心理學教授Walter Mischel 等人於 1960 年代為了研究幼兒什麼年齡

會發展出自我控制能力，而有了著名的「棉花糖」實驗。
在這個實驗裡，實驗者給一群年約 4 歲的幼兒每人一塊
棉花糖，然後告訴他們：我會離開這裡15分鐘後再回來，
如果你在等我回來這段期間，吃掉棉花糖，你就沒有第
二塊，若是你沒有吃掉棉花糖，我回來後，會再給你一
塊棉花糖。18 年後，在 1988 年時追蹤研究卻獲得了意
外的發現，那些當年能夠抵抗馬上吃糖的衝動，忍受煎
熬等到實驗者回來，以便獲得第二顆糖的孩子，在青春
期的表現，不論在學業或是社會勝任上，都比同儕出色。
1990 年第二次追蹤研究，發現當年表現延宕滿足的幼
兒，在美國 Scholastic Aptitude Test （SAT）的成績比立
刻將糖吃掉的同儕優秀很多。家長也報告說這些能夠延
宕滿足的小孩，能夠忍受挫折並抗拒誘惑的能力較強、
較有自信、做事專注、善於做計畫、眼光比較遠，也能
夠以成熟的方式因應壓力。Walter Mischel 進一步探究這
些幼兒在等待實驗者返回的這段時間的行為，發現有趣
的現象，就是能夠延宕滿足的幼兒，他們採用眼不見為
淨或轉移注意力的策略，將注意力從渴望的物品移開，
來自我控制想吃的慾望。他們有些以雙手遮眼或刻意轉
身不看棉花糖，有些則利用哼歌來分散對糖的注意力，

這些行為反應出這群幼兒已經懂得自我調適的策略，來減輕不能立刻得到想要東西的煎熬。

　　由於放縱型的教養型態對遲語的相關文獻闕如，現就來探究放縱型的教養對幼兒學習語言必要條件之一，社會勝任方面的相關研究。Lagace-Seuin 與 d'Entremont (2006) 指稱生長在放縱型家庭的青少年，在低要求，多回應的教養模式之下，多年來在容易有求必應的環境下，無法等待，養成立即滿足的性格，缺乏延宕滿足的訓練，相對的也就無法學到自我調適的策略，所以在大多數的適應指數上，分數最低，孩子表現難控制、衝動和低成就的傾向，缺乏社會勝任能力，甚至 Fite 等人（2009）發現，放縱型的教養型態與孩子一再重複進入精神病院有關。畢竟當幼兒長大離開家庭，進入社會，整個社會不再像他的照顧者，以他為中心，完全順著他，在他的欲求無法立即滿足，又從小未學到自我調適的情況下，情緒容易失控，最後成為精神疾患。

權威型

　　權威型教養模式不論在教訓和養育，或在要求和回應上都盡量取得平衡，不但給予養育和回應，也給予行

為規範，一方面限制幼兒的偏差行為，一方面也賦予期待幼兒發展合適的行為（Baumrind, 1967）。這種照顧者的教養有彈性，他們不只回應幼兒的需求，也對幼兒的行為有合理的要求，鼓勵口語對話，時常以支持和養育的態度對孩子解釋他們會這麼要求的理由，所以孩子在認知、語言和社會勝任上的發展是良好的。在玩方面，他們也能釋放出更多的善意與合作（Lagace-Seguin & d'Entremont, 2006），可見權威型教養模式不論在建構語言環境方面或訓練幼兒社會勝任方面，無形中也提供幼兒有利的語言發展條件。

漠不關心 - 不干涉

Maccoby 與 Martin (1983) 指稱漠不關心 - 不干涉教養型態，又稱為拒絕 - 忽視（rejecting-neglecting）的教養型態，它的特質是照顧者對幼兒是低回應和低要求。他們忽視了教養幼兒的責任，不但不管教幼兒行為，不給幼兒行為規範，也不理會幼兒的需求，以冷漠、厭惡，甚至拒絕的態度來面對幼兒的親近。他們花很少的時間與孩子互動，當幼兒靠近他時，會叫幼兒走開，不要來吵他、煩他，情緒上與孩子相當疏離，讓幼兒的情緒

備受挫折、冷落，甚至會懷疑照顧者不愛他、討厭他，因而產生自卑、憤怒和自恨情緒。在這種家庭環境長大的孩子，因為高度的被照顧者拒絕和缺乏照顧者對他們提供知性和社會文化的刺激，所以在各領域的表現大部分都很差，包括語言發展（Darling, 1999; Li, 2002）。Carson 等人（2007）指出養育（nurturance）表示照顧者對幼兒的回應和激勵幼兒的能力，也代表能意識到幼兒的需求，並做調整，但漠不關心 - 不干涉教養型態的照顧者因為較少和幼兒互動、回應幼兒的需求、或提供激勵的環境，他們甚至沒有睡前對幼兒閱讀的習慣，或在地板上與幼兒玩在一起，所以這些照顧者也自陳他們對孩子情感上比較疏離，孩子也比較冷漠、退縮並難與照顧者互動。幼兒在缺乏與照顧者良性和合宜的互動練習和引導之下，行為表現也就似乎活在自己的世界裡，且以異於同儕的方法玩玩具（Lagace-Seguin & d'Entremont, 2006），可見漠不關心 - 不干涉教養型態不論在建構語言環境方面或訓練幼兒社會勝任方面，對幼兒語言的學習都是不利的，而研究也發現，和語言正常幼兒的照顧者相比，語言發展遲緩兒童的照顧者對幼兒有較多的拒絕（Carson et al., 2007）。

過度保護型

　　根據 Mills 等人（2007），過度保護型的照顧者則是培養幼兒養成依賴的習慣和限制幼兒行為。這類型的照顧者因為過度保護，不只為幼兒做過多，也因為害怕孩子身體上受到傷害，而有很多的限制，不准這，不准那，不但忽視幼兒成長的課題和訓練幼兒能獨立自主的條件，也限縮了幼兒對社會環境探索和創意，所以這種被過度保護的孩子，容易養成依賴別人，要求或接受幫助，忽視自己應負的責任，易把責任往外推。孩子容易被養成了沒有能力、懶惰或要求別人的習慣，是過度保護型教養下的產物，過度保護型教養也造成比較容易有攻擊性、屈從、神經質和退縮的行為。在玩的方面，被過度保護的幼兒，由於行為被限縮，往往表現出社交上沉默、小心翼翼和害羞的行為（Lagace-Seguin & d'Entremont, 2006），陳信昭等譯（2014）指稱這屬於適應不良的玩法。在語言發展上，Cassel 與 Meyer (2001) 發現過度保護幼兒的母親（overprotective mother），在幼兒不須要說話或溝通的情況之下，提供幼兒每一樣需求，和語言發展遲緩有關，而家有遲語兒的母親也自

陳她們對幼兒，有比較多的過度保護，常在幼兒不需要透過語言表達需求的情況下，透過察言觀色，主動的滿足幼兒（Carson et al., 2007）。王秀美等人（2012）的研究發現也支持這種現象，就是照顧者以察言觀色式的照顧方式來照顧幼兒，缺乏提供幼兒語言互動練習的機會，形成幼兒遲語。

　　幼兒語言的學習，仰賴照顧者對語言環境的建構和幼兒本身的社會勝任。綜合上述文獻發現，不同的教養模式，照顧者對幼兒語言環境的提供和社會勝任能力的培養是不同的，也對幼兒語言的發展產生不同影響，有的有利於發展語言能力，有的則不，可見照顧者的教養模式對幼兒語言發展的重要性。

第七章　幼兒的情緒發展與情緒的成分

　　前面提到學步兒期的早期行為運作是幼兒遲語的預測因子，Horwitz 等人（2003）也指稱幼兒的情緒勝任與否與遲語有關，可見情緒對幼兒語言學習的重要，因此以下兩章就來陳述有關情緒的議題。

　　俗語說：人有七情六欲。六欲的滿足或不滿足，都會引發七情的反應，所以人人都具有喜、怒、哀、樂等情緒。可是當遇到事情時，情緒的表達卻因人而異，有人激動，有人冷靜，有人卻相當壓抑，這種情緒的表達，除了幼兒的人格特質外，與照顧者的教養也相關聯。因為幼兒也是有多樣的情緒，但幼兒由於語言弱，情緒的表達就會比較激烈，這時就有賴照顧者的幫忙，來訓練幼兒的情緒調適。

　　Topbas 等人（2003）指稱從嬰幼兒的表達語言輪廓可以預測該遲語兒成長後會克服這種現象趕上同儕，或持續有語言障礙的危機，關鍵因素就是幼兒發展溝通的意圖，也就是遲語兒要展現出溝通的意願，未來才有機

會趕上一般人的語言發展。他們觀察正常語言發展的幼兒和遲語兒與人互動的情況，發現到正常語言發展的幼兒的共同注意（joint attention）比遲語兒頻繁，而這種與人共同注意的溝通意圖與行為規範和社交互動是息息相關的。

共同注意

共同注意是與他人共同注意一個目標（Topbaset al., 2003），例如照顧者手指一個物件如蘋果，幼兒眼睛跟隨著照顧者的手指找到蘋果，兩人的眼光同時注視著蘋果，這是一種情緒上的默契和共鳴，透過這種共同注意的默契和共鳴，照顧者可在此時教導幼兒蘋果的語言概念，幼兒從照顧者發出蘋果的聲音和手指蘋果形象，獲得蘋果的發音和形象的認知概念，並學習發出「蘋果」聲音而獲得語言，可見共同注意是學習語言的根基。要建立這個共同注意的默契，牽涉到的不只要有一位願意與幼兒互動、說話、建立同步注意默契的照顧者，嬰幼兒本身溝通意願的情緒狀態更是關鍵。

試想想看，一位時常哭鬧、動不動就躺在地上大哭大鬧，情緒很難被安撫的幼童；或臉部常常表現出恐懼、

害怕、畏縮，常常拉住照顧者的衣服，什麼都不敢的孩子，若幼兒常常沉浸在這種過度激動或驚嚇的情緒中，要與照顧者建立共同注意的默契和共鳴來學習語言是很難的，可見幼兒情緒調適對幼兒語言學習的重要性。至於要訓練幼兒的情緒調適就要了解幼兒的情緒表達、情緒的成分、影響幼兒情緒發展的因素和照顧者的情緒教養。

第一節　幼兒的情緒發展

　　情緒表達是幼兒與人互動中的重要策略，透過哭、笑或臉部表情來表達內心的真實感受。例如剛出生 2-3 個月的嬰幼兒，認知發展上還無法辨識熟人或陌生人的臉孔，所以只要吃飽、睡足，不論任何人逗弄他，他都會很愉快地笑，這是嬰兒與他人連結的一種情緒表現。

幼兒的情緒發展

　　幼兒的情緒發展隨著年齡的增長而有所變化，根據陳幗眉與洪福財（2001），幼兒情緒的發展是從簡單逐漸到複雜，剛出生的嬰兒，情緒種類少，隨著年齡的增長，情緒逐漸複雜。行為主義 Watson 曾針對 500 名新

生兒進行觀察，發現嬰兒出生後立即可以產生的原始情
緒反應，包含害怕、憤怒、愛等三種情緒。害怕是害怕
大聲、他人憤怒或恐怖的面部表情或身體失去重心的感
覺；憤怒是需求沒被滿足如肚子餓，被強迫如按住他的
身體不准動等讓嬰兒覺得不舒服的行為；愛是感受到關
懷，如被撫摸或被抱。

　　嬰兒隨著年齡的增長到 7 月大時，根據張欣戊等譯
（2010），嬰兒的情緒從害怕、憤怒、愛等情緒分化更
多種的基本情緒，如滿足、厭惡、哀傷、感興趣、生氣、
害怕、高興、難過、驚訝等。等幼兒 1 歲大後，由於社
會化的關係，認知上自我意識和自我評價逐漸出現，於
是困窘、忌妒、內疚、驕傲、羞愧等情緒開始產生。當
嬰兒認知上有自我覺知後，對自己、他人、或自己與他
人的關係，產生你、我、他比較和計較心理，也造成關
於自己和人際間的複雜情緒出現。

　　有了自我覺知後，接著是自我認識，至於嬰兒自我
認識的發展，Lewis 與 Brooks-Gunn (1979) 曾嘗試請嬰
兒的母親在嬰兒的鼻子上塗上紅點，再把嬰兒抱到鏡子
前，若嬰兒會用手去摸自己鼻子上的紅點，表示嬰兒有
自我認識，結果發現多數嬰兒在 18 月大至 24 月大時，

才會觸摸自己的鼻子，而不是去摸鏡子上反射出來的鏡像，這表示他已經知道是自己的鼻子上有紅點，在嬰兒認識自己後，情緒相對的顯現出更細緻、更複雜的分化。

幼兒情緒的分化

　　嬰兒的情緒，雖隨著成長發展，然後分化，分化大致上可分為兩類，一類是正向情緒，如興奮、高興、快樂；一類是負向情緒，如害怕、哀傷、生氣等，不論嬰兒有什麼情緒，都會透過臉部的不同表情來傳達（王秀美，2006）。根據 Izard (1982)，他和他的同事錄下嬰兒抓冰塊、玩具被拿走與母親分離後等母親回來等事件時的臉部表情，並請數位評估者觀察嬰兒的臉部表情來猜測嬰兒的情緒，結果發現評估者對嬰兒當時的情緒判斷大致是相同的。張欣戊等譯（2010）指稱成年人較易區辨嬰兒的正向情緒，但不易辨識嬰兒的負面情緒；可是隨著嬰兒的成長，則越來越容易從嬰兒的臉部表情判別出他的情緒，可見幼兒的情緒表達是喜怒形於色的。

第二節　影響情緒的成分

　　情緒不會憑空而降，是個體對情境的回應。

Roseman (2013) 指稱情緒的通用處理策略是先透過對危機和機會情勢評估，然後回應。情緒對個體而言，是一個身心協調、統整的系統，如媽媽說我不好，會很生氣；媽媽獎勵我，帶我去吃麥當勞，會很高興；在幼兒園上學被其他幼兒霸凌會很害怕、憤怒，這都是正常的情緒反應。

　　情緒不是單一因素所構成，而是涵蓋生理、心理、認知、經驗等因素。根據危芷芬編譯（2015），情緒的成分有六，即 (1) 認知評估；(2) 主觀經驗；(3) 思考與行動傾向；(4) 內在身體變化；(5) 臉部表情；和 (6) 對情緒的反應。這六種成分依個體的生活環境和生命經驗，對情境產生不同詮釋，而有不同的反應。以受虐兒為例，當有人手舉起來時，他就會攻擊或閃躲，這是由於過去長期被家人虐待的經驗引發的自我保護行為。他的認知評估認為手舉起來就是要打他，因為這是他的過去主觀經驗，所以他的思考與行動傾向就傾向攻擊或逃（fight or flight），然後內在身體因攻擊或逃的思考與行動產生變化，臉部表情也隨之應變，最後憤怒或害怕的情緒就反應出來，這是慣性的瞬間反應，因已內在化成為人格特質。我曾諮商一位兒童（化名小珍），是一位

因受虐被安置的兒童，社工說她見到小珍時，小珍就逃，問我要不要幫忙，我說好。而我剛開始跟小珍做遊戲治療時，像在捉迷藏，我在室內，她在門口跟我對話，我請她坐在我對面，她不肯。她詢問小珍在原生家庭的經驗，原來當小珍在父親旁邊時，他常會伸手打她，造成小珍害怕、焦慮不太敢接近成人的行為反應。

情緒的這六種成分不是單一向度，而是各自成系統，且系統之間是交互作用。情緒的六種成分呼應了高淑貞譯（1994）個體與現象野（外在環境）互動的觀點，現就來分述這六種成分。

認知評估

就認知評估方面而言，情緒具有認知成分，且依賴認知詮釋事件中利益和傷害。例如小孩替家人煮一碗泡麵，認知上自覺有成就感，感覺很快樂；做錯事，被媽媽罵，心裡想又不是故意的，就很難過，也很生氣媽媽不了解他（Izard, 1992；危芷芬編譯，2015）。俗語說吃虧就是占便宜，其實就是企圖將一個負面事件詮釋成正向結果例子，讓個體情緒好一點，以安慰自己或別人，但往往失敗，因為對當事人而言，除非從該件事學到教

訓，當作付出學費，心裡才會有點平衡，才會釋懷，否則吃虧就是吃虧。

Smith 與 Lazarus (1990) 探究 (1) 生氣；(2) 罪惡感；(3) 焦慮；(4) 悲傷；和 (5) 希望等五種情緒的相關核心關係主題，並針對這五種情緒的運作做分析，發現情緒與認知評估是相關的，請參閱表 4 情緒運作分析。

主觀經驗

雖然認知評估可能是潛意識在運作，但對個體而言，情緒的主觀經驗可是在意識覺察狀態，例如生氣就是生氣，就好像開水沸騰，氣都冒出來，縱使個體企圖壓抑，強顏歡笑，但其自己對生氣情緒，是完全覺察的，至於幼兒的情緒表露，則是全然可由外人覺察。由於情緒是屬於主觀經驗，外人有時會猜不透為什麼他會氣成這個樣子？或他怎麼突然會自己笑出來？或一個人怎麼會邊走邊笑？

情緒的主觀經驗，會影響個體的注意和學習。危芷芬編譯（2015），我們傾向於注意吻合當時感受的事件，也產生了對該事件會更加了解的現象。Bower (1981) 以實驗的方法，先透過催眠引導參與者產生快樂或悲傷

表4　情緒運作分析

情緒	企圖適應的運作	核心關係主題	重要評估成分（認知）
生氣	1. 企圖從環境中除去傷害源 2. 解除傷害	責備他人	1. 動機上相關 2. 動機上不協調 3. 他人的責任
罪惡感	1. 對傷害他人或動機做補償 2. 社會上負責的行為	責備自己	1. 動機上相關 2. 動機上不協調 3. 自己的責任
焦慮	避開潛在的危險	模糊的危險／威脅	1. 動機上相關 2. 動機上不協調 3. 低／不確定性（情緒焦點，emotion-focused）處理潛在問題
悲傷	面對失去親密關係的傷害，企圖獲得幫助和支持	不可逆轉的失落	1. 動機上相關 2. 動機上不協調 3. 低（問題焦點，problem-focused）處理潛在問題 4. 低未來期待
希望	1. 維持承諾 2. 處理	可能變好或成功	1. 動機上相關 2. 動機上不協調 3. 高未來期待

情緒，再探究快樂或悲傷情緒狀態下對記憶和思想的影響，發現情緒影響個體的注意和學習的現象。首先，參與者無論回憶字彙清單、個人經驗日誌和童年經歷，都與當時的情緒狀態一致性，換句話說，就是快樂情緒時會傾向回憶快樂相關事務，而悲傷情緒時則傾向回憶悲

傷相關情境。第二，情緒強力影響自由聯想、想像、社會概念和對於他人人格立即判斷等認知的過程，這對幼兒的教養也產生重大影響，因為不快樂的照顧者和快樂的照顧者在面對幼兒時，其呈現出來的態度、語言和行為截然不同。快樂的照顧者看到的是幼兒的正向面，不快樂的照顧者看到的是幼兒的負向面，笑臉對幼兒和怒臉對幼兒，對幼兒的人格發展是截然不同的。最後，參與者對於跟自己感受一致的角色和事件會投注較多的注意，也會回憶較多該角色和事件，這個研究證實情緒對注意和學習的衝擊。

　　情緒的主觀經驗也會影響個體對事情或情境的評價和判斷（危芷芬編譯，2015），例如當看到自己喜歡的人被欺負，會很生氣，可是當看到自己的仇人被欺負，會很高興，認為他罪有應得。Lerner 與 Keltner (2001) 指稱害怕和憤怒對危險概念的評估會有反向的作用，害怕的人會表現出悲觀的危險評估和規避風險的選擇，而憤怒的人則顯示樂觀的危險評估和追尋風險的選擇，所以當面對不可預期的情境時，情緒的影響更是顯著。在教養上，一般照顧者為了讓幼兒乖乖的，就用不要、不可或你若不乖就叫警察來抓等限制或恐嚇的語言，讓幼兒

產生害怕，造成幼兒面對新的環境會自我設限，不敢探索。有一個幼兒，常因不敢上廁所，就大便在褲子上，雖常被罵、被笑，但還是依舊有這種行為。後來換寄養家庭，這個情況就改善，問他原因，他說他怕鬼，以前原生家庭廁所很暗，父親會說廁所有鬼，他就把暗跟鬼連結，讓他不敢上廁所。後來去寄養家庭，他就敢去上廁所，因為寄養家庭的廁所燈光很亮，可見情緒的害怕或不害怕，會影響個體上廁所這種行為。

思考與行動傾向

行為和訊息處理會受到情緒的影響，例如風聲鶴唳、草木皆兵，都是在說明情緒影響思考與行動的現象。又如憤怒會想攻擊，害怕會想逃離，厭惡會想驅除，而感激會想幫助他人，這都是情緒所引發思考和行動的衝動（危芷芬編譯，2015）。幼兒的表現更清楚，當看到姊姊和哥哥在玩牌，不讓他玩時，他很生氣時，哭一哭後，靜靜的走到姊姊和哥哥玩牌的地方，就用手把牌弄亂，這是憤怒的情緒，引發報復的行動，就是「你不讓我玩，我也不讓你們玩。」換句話說，面對人事物情境，因情緒的不同，對該情境的認知評估就會有所不同，因

而陷入主觀意識，無法客觀來評估該情境，可見情緒上認知評估和主觀經驗是極度相關聯的，隨後也影響思考與行動。

內在身體變化

　　情緒引發交感神經系統活化，造成內在身體產生變化，且不同情緒各有其獨特生理反應模式，例如憤怒時則心跳加速，呼吸急促，肩背緊縮，雙手顫抖。又如害怕時會容易肢體僵硬，而所謂心驚膽顫、起雞皮疙瘩、寒毛直豎就是描述害怕時的內在身體變化，可見不同的情緒引發不同的生理反應（王秀美，2002；危芷芬編譯，2015）。Levenson 等人（1990）指稱不同的情緒會有不同的自主神經系統反應模式。參與者根據研究者對他們臉部肌肉活動指導語言做出生氣、厭惡、恐懼、快樂、悲傷和驚訝等六種臉部表情，並維持固定此表情 10 秒鐘，接著研究者測量其心跳、手指溫度等生理激發指標，發現不同情緒的生理激發指標是不同的。例如在心跳上，生氣、恐懼和悲傷比快樂、驚訝和厭惡快；手指溫度上，憤怒比恐懼和悲傷高。縱使憤怒和看到戀人時心跳都會加快，但憤怒時心跳更快；憤怒會讓手指溫度

升高，而恐懼則否（危芷芬編譯，2015）。**中國養生網**（2017 年 4 月 28 日）指稱女人千萬別生氣，因為生氣會引發月經紊亂、內分泌失調、氣血不足，肌膚出現問題，傷肝、傷胃等。

臉部表情

俗語說相隨心生，情緒在臉上的表情更是如此。隨著情緒引發內在身體變化，外在臉部表情、肢體也產生變化。憤怒的表情是臉部漲紅、眉尖緊蹙，而成語如咬牙切齒、怒髮衝冠、橫眉豎眼等都是用來形容憤怒表情。至於快樂的表情，如眉開眼笑，心曠神怡等，都是情緒引發的臉部表情。Kleinke 等人（1998）探究兩個操縱臉部表情的實驗，參與者在觀看人們正向或負向臉部表情的相片後，實驗組在鏡子前或不在鏡子前對著錄影機盡可能地描述這些臉部表情，且越正確越好，控制組則保持中立的臉部表情。結果發現實驗組的參與者在從事正向臉部表情描述時，他們的正向心情在增加，從事負向臉部表情描述時，則正向心情在減少，在鏡子前更是明顯，可見臉部表情會影響情緒的改變。

情緒調節

　　所謂情緒調節，是指個體對自身情緒反應的調節，例如想要增加正向情緒，減少負向情緒，就是情緒調節（危芷芬編譯，2015）。一般而言，個體應用很多策略企圖調節情緒，俗語「刀子口，豆腐心」，就是企圖舒緩情緒的安慰語。例如被媽媽罵很生氣，當事人想要讓自己好過，可能會去找朋友訴苦，朋友一句你媽媽就是刀子口，豆腐心，來安慰當事人，企圖讓當事人了解媽媽的善意，以降低生氣情緒。其實就作者的觀點，刀子口就是刀子心，宋朝倚遇禪師說：「利刀割體痕易合，惡語傷人恨不消。」當媽媽在責備孩子時，孩子的感受就像刀子在割心，非常難受，於是找人訴苦，為了讓當事人感受好一點，就用豆腐心企圖化解當事人的情緒。由於情緒調適牽涉到幼兒情緒勝任議題，將在下一章繼續說明。

第八章　影響幼兒情緒發展的因素和情緒調適

　　影響幼兒情緒發展的因素可從兩個觀點來探討，就是幼兒本身和與照顧者的關係。高淑貞譯（1994）指稱兒童中心學派認為人格結構包含三個主要概念，就是：(1) 個體，指整體的幼兒，包括認知、行為、情緒、生理等方面；(2) 現象野，指幼兒的所有生命經歷，包括內在、外在幼兒覺得發生的事，並因此而形成幼兒後來的內在參考架構。幼兒不能離群索居，須在現象野中，仰賴他人才能存活。幼兒在環境中的遭遇，並對該經驗解讀，就成了他的現象野，所以現象野是兒童所建構的現實；(3) 自我，就是認知上的自我概念，也是幼兒對自己整體的看法和評價等。自我概念是個體與現象野不斷互動的結果，我曾對一位 5 歲的家暴睹兒做遊戲治療，她的父母因家暴離異，我跟她說話時，她頭總是低低的，不敢看我，她說她害父母離婚，心裡很難過，充滿罪惡感。我告訴她父母離婚是因為兩人溝通不良，無法相處，她是無辜的，並要她重複說「我是無辜的」來改變她的

認知，說完後她才笑起來看著我。所以當幼兒覺得做錯事時，其自我概念是負面的，而當幼兒自覺並沒有做錯事時，她的自我概念就又改變，相對的行為也會改變，所以幼兒的行為和情緒深受自我概念的影響，而自我概念又受到環境的影響。

Frick 等人（2018）從嬰兒自身人格特質和照顧者環境的觀點，來預測嬰兒早期認知和情緒自我調節。研究者在嬰兒 10 月大時，評估嬰兒的持續專注力、反應嬰兒人格特質相關項目和母性的敏感度；在嬰兒 18 個月大時，則評估嬰兒早期情緒自我調節，如執行運作（executive functions）、情緒運作（emotional function）和情緒調適（emotion regulation）等項目。結果發現在嬰兒方面，嬰兒早期專注力是認知自我調節的根基，嬰兒的持續專注力能預測嬰兒的早期情緒運作。至於在照顧者環境方面，則發現母性的敏感度（Maternal sensitivity）和俐落性（surgency）能預測嬰兒的情緒調節能力。嬰兒有敏感度的母親，則表現出較多的調適行為和對痛苦有較長的潛伏期；至於嬰兒若有高度俐落性的母親，則表現出較低的情緒調節，可見嬰兒人格和照顧環境對嬰兒自我情緒調節的發展同等重要。

　　既然幼兒本身和與照顧者的關係對幼兒的情緒調適息息相關，現就來分述影響幼兒情緒發展的這兩者因素。

第一節　幼兒本身因素

幼兒的氣質

　　Reber (1985) 指稱氣質（temperament）是指嬰幼兒天生對外界刺激的情緒反應、心情轉變和敏感程度反應方式，這有個別差異，每個嬰幼兒都不同。美國的 Thomas 和 Chess 所領導的研究小組，長期系統性追蹤嬰幼兒先天行為模式的個別差異，並將個體與生俱來的獨特行為表現方式稱為氣質。在他們的研究中，依嬰兒活動量、規律性、趨避性、適應度、反應強度、情緒本質、堅持度、注意力分散度、和反應閾等九項指標，將 141 位的嬰兒大部歸納為三種氣質類型，即 (1) 易養型氣質，約占 40%，這類型嬰兒情緒是正向的，脾氣好，心情好，對新經驗很開放和適應很快；(2) 難養型氣質，約占 10%，是負向的，好動、易怒，作息不規律、面對新的經驗反應激烈，要很久才能適應新的人和環境；和 (3)

慢吞吞型氣質，約占 15%，這類型嬰兒不活躍，有些情緒化，面對新的經驗，反應強度和適應能力則介於易養型和難養型之間（張欣戊等譯，2010；Thomas & Chess, 1977）。從上面資料可見有的嬰兒一出生就情緒好，吃飽睡，睡飽吃，很好帶，有的則是常哭、常鬧，因為不會說話，又不知道自己哪裡不舒服，父母必須常常猜測哭、鬧原因，非常不好帶，讓父母莫可奈何，非常苦惱，所以嬰兒的天生氣質會影響其情緒發展，相對的也會影響父母對該幼兒的教養態度。

語言的發展

幼兒有需求時，如肚子餓、想玩耍，若語言發展良好，可應用語言表達；但若是語言能力弱，則可能用哭、鬧的方式來吸引注意大人，以便需求獲得提供，所以幼兒語言的發展，會影響幼兒情緒的發展。

Cohen (2010) 指稱從嬰兒期起，語言和溝通能力對嬰幼兒學習、社交關係、行為和情緒調適就是關鍵性的工具，而一系列的心理、社會和情緒失調都和幼兒語言障礙有關，學童被診斷有心理、社交和情緒障礙，有相當大的比例都是在嬰幼兒期就有語言和溝通問題。

幼兒在社交和學習情境上，語言必須同時具備輸出和輸入的溝通能力，輸出指口能用語言表達（expressive language）其需求、想法，輸入指耳朵能接收（receptive language）和了解他人語言的能力，若幼兒口語表達或耳朵接收的任何一方發生障礙，造成無法清楚的傳達自己需求或訊息，或無法理解他人語言，造成無法適當回應，則產生心理、社會和情緒調節問題是可預期的。

身體的狀況

當嬰兒有生理需求，如口渴、飢餓、想睡覺、大小便時，就容易以哭來傳達身體不舒服（王秀美，2006）。Papalia 與 Olds (1992) 指稱 Bowlby 發現 15 至 30 個月大的嬰兒，由於生病須要單獨住院治療時，會經歷分離焦慮的三個階段，即 (1) 抗議階段，這是分離焦慮的初始階段，嬰兒的行為是嚎啕大哭，又踢又鬧；(2) 絕望階段，當嬰兒發現抗議無效時，會持續哭泣，但吵鬧減少，且往往不理睬他人，表情遲鈍；和 (3) 割離階段，在這階段，幼兒逐漸接受護士的照料，開始正常活動，偶而會有情緒。可見嬰兒面對疾病時，不但有身體上的不舒服，還要學習去調適與照顧者分離的情緒，若是幼

兒體弱多病，則情緒的調適就更加艱難，所以幼兒的身體狀況會影響幼兒情緒的發展。

第二節　幼兒與照顧者的關係

客體關係

　　修慧蘭等譯（2013）指稱客體關係理論（object-relations theory）主張人類行為的動力來自於對客體的尋求（object seeking），及與客體的人際互動關係。對嬰兒而言，重要客體就是照顧者，而嬰兒與照顧者的關係會影響該嬰兒未來與他人的關係，因為早期重要客體的內在心理表徵，被內射到嬰兒的精神結構，形成了嬰兒的人格特質，而後投射到其伴侶身上。

　　根據 Margaret Mahler 的自體發展理論（Mahler, Pine, & Bergman, 1975），嬰兒出生後的前 3 年，與母親形成共生的分離和個體化過程，這過程對該嬰兒的心理和情緒發展有重大影響。她將嬰兒的自體發展分為四個階段，第一個階段是正常嬰兒自閉狀態（normal infantile autism），約從嬰兒出生至 3、4 週期間，此期嬰兒雖極端依賴母親，但反應以生理需求為主，只能知

覺母親的一部分，如乳房、臉、手等，尚無法區辨自己
與母親是不同個體，這種知覺上的混沌狀態，既無完整
自體，也無完整客體概念。第二個階段是共生期（normal
symbiosis），約從嬰兒 3 月大至 8 月大時期，由於母親
是主要照顧者，所以此期嬰兒對母親仍極端依賴，並期
望情緒上與母親能有高度共鳴。第三個階段是分離與個
體化（separation and individuation），此階段是與共生
期重疊的，就在嬰兒 4-5 個月大左右發生，嬰兒在此階
段逐漸分化，慢慢地脫離與母親的共生關係狀態，但仍
把母親視為安全堡壘，時而親近，時而分離。換句話說，
嬰兒在處於共生期時，並不安於共生狀態，而是企圖與
母親分離，朝向個體化之路前進。

　　但嬰兒的分離和個體化過程，並不一定順利，畢竟
要跟客體（照顧者）產生認知和行為的分離，是兩個個
體的事情，不是嬰兒本身就能完成，所以就會產生一些
現象。第一種現象是客體不願分離，此時嬰兒已進入
分離歷程，要個體化時，遭遇母親抗拒，不願意嬰兒
個體化，不願意給予情緒支持，嬰兒在這種內心衝突矛
盾，無所適從之下，易引發邊緣性人格疾患（borderline
personality disorder）。邊緣性人格疾患的特徵是情緒極

端變化、不穩定，易怒、自我破壞、衝動性憤怒。第二種現象是嬰兒沒有分化經驗，還與客體共生。若該嬰兒的認知和行為對他人缺乏理想化，還同時對自己產生自傲感，則日後可能容易陷入強烈自我專注（self-absorption）的自戀性人格疾患（narcissistic personality）傾向。自戀性人格疾患的特徵是為了掩飾脆弱的自我，一方面過度誇耀自己的重要性，另一方面則傾向對他人有剝削的態度，也就是寬以待己，嚴以律人，甚至常與他人產生寄生關係。第三種現象是最後自體與客體恆常（individuality and object constancy），也就是 Mahler 的第四個階段，通常在幼兒 3 歲左右發展出來，這時幼兒能清楚的區辨自己是自己，客體是客體。此時幼兒能獨立性的與他人建立關係，並發展出穩定的自我概念，這是理想上與客體分離和個體化最好的發展，也是對嬰兒與客體較健康的發展。

　　若在分離與個體化階段無法與客體完成分離，無法發展出自體與客體恆常概念造成創傷，因而引發邊緣性人格疾患或自戀性人格疾患者，則可能成為該幼兒未來情緒發展上的傷痛和折磨，可見幼兒與客體的關係影響其情緒的發展。

依附關係（attachment）

嬰兒須要有人照顧，獲得生、心理的需求，才能存活，這也就形成與照顧者之間的強烈依附關係。de Cock 等人（2017）指稱幼兒未來認知技能和行為結果的發展，重要的預測因子是幼兒早期的執行功能（executive functioning），而幼兒執行功能的主要環境決定因子，實證發現是照顧者的教養行為，尤其親子聯繫（parental bonding）更是關鍵，可見照顧者與幼兒之間的依附關係對幼兒未來的影響。

危芷芬編譯（2015）指稱最早提出依附理論的是 John Bowlby，他是英國發展心理學家，從事精神疾病的研究和精神分析治療，他在擔任駐院醫師時，觀察到一位因病須與父母分離 2 週，單獨住在醫院的幼兒，在這 2 週內幼兒行為上的急劇變化，讓他對幼兒與照顧者之間的依附關係產生興趣。他主張依附關係是生物演化的產物，像小鴨子出生後，會跟著第一眼看到的東西走，稱為銘印現象（imprinting），這是小鴨子天生的特質。嬰兒一出生是完全無助，須完全仰賴照顧者提供照顧才能存活。嬰兒在與照顧者互動經驗中，發展出一

套自我和外在的互動方式，形成內在運作模式（internal working models），謂之依附關係，這是內化其認知與情感而形成的模式，並以此模式來探索這個世界，因而影響其一生，包括將來與其伴侶的互動，也會重蹈其與照顧者的互動模式。

　　根據張欣戊等譯（2010），心理學家 Harry Harlow 做了相關的實驗來驗證依附關係的重要性。他以猴子為實驗對象，將孤兒幼猴關在籠子裡，外面擺放著兩個人造的猴媽媽，一個是由鐵絲做成，上面綁著奶瓶，另一個則是由絨布做成，Harlow 企圖了解絨布媽媽能提供孤兒幼猴什麼需求？他發現幼猴只有飢餓的時候跑去鐵絲媽媽身上，絕大部分的時間都緊緊抱著絨布媽媽。這個實驗證實，除了食物之外，幼猴更需要愛與溫暖的感覺。Harlow 又進一步設計了一個實驗，他將一個奇形怪狀的玩具擺在幼猴的籠子外，驚嚇幼猴，打開鐵籠時，幼猴毫不猶豫地立刻衝向絨布媽媽身上尋求保護，可見幼猴將絨布媽媽當做牠的安全堡壘（secure base）。而當鐵絲媽媽和絨布媽媽都不見時，幼猴則畏縮在牆角，臉露驚嚇、恐懼的表情。可見縱使是猴子，也須要媽媽的安慰，而安全依附關係正可提供這種需求。

　　後 來 Mary Ainsworth 以 陌 生 情 境（Strange Situation）的實證研究，來觀察母親們與她們 1 歲大的嬰兒之間的互動。這個研究分為八個步驟，每一步驟約 3 分鐘，她的做法是在一個有玩具的陌生房間內：(1) 實驗者向母親和嬰兒介紹遊戲室之後就離開，讓兩人留在房間；(2) 嬰兒在玩時，母親坐在旁邊陪他，當嬰兒的安全堡壘；(3) 陌生人進入房間內坐下來與母親聊天，來觀察有陌生人介入時，嬰兒是否有陌生人焦慮；(4) 母親離開房間，留下陌生人，若嬰兒不安，有分離焦慮，則因為母親不在，就由陌生人來安撫他；(5) 母親回來招呼嬰兒，如果嬰兒不安，母親就安撫嬰兒，這時陌生人離開，這是母親與嬰兒的重聚行為；(6) 母親離開房間，獨留嬰兒在房間，觀察嬰兒是否有分離焦慮；(7) 陌生人進入房間，面對嬰兒的分離焦慮，給與嬰兒安撫，來觀察嬰兒被陌生人安撫的能力；(8) 母親再回來，跟嬰兒打招呼，若嬰兒不安，母親就給予安撫，並用玩具引起嬰兒的興趣，來觀察母親與嬰兒的重聚行為。透過這八個步驟的觀察，她將嬰兒對母親的依附關係分為四種類型。(1) 安全型依附關係（Secure Attachment），在美國，這種類型 1 歲大的嬰兒約占 65%，其特質是雖在

陌生情境中，與母親共處時，會主動探索；與母親分離時會明顯不安，可是母親回來時，會熱烈迎接；如果處於緊張狀態，會尋求母親跟母親的身體接觸，來舒緩情緒；母親在場時，對陌生人很友善，不會怕生。這種類型嬰兒的母親，其特質是以嬰兒為中心，心思敏銳，能適切地滿足嬰兒身心的需求，嬰兒需要被撫慰時，就給予安撫，嬰兒需要空間去探索時，就給予所需的空間讓嬰兒自由探索。在這樣教養態度下，嬰兒發展出安全感，在分離時會認為母親不會拋棄他，因而漸漸學會在焦慮時自我撫慰。所以當嬰兒有需求時，有人回應他、幫助他，就易形成安全型依附關係的嬰兒。(2) 焦慮型依附關係（anxious attachment），約占 10%。這種類型的嬰兒在陌生情境中，非常焦慮，緊緊的挨在母親身邊，不太願意探索新環境；母親要離開時，他們變得非常焦慮不安，放聲大哭，拋下手邊玩具，緊追母親不讓她走。母親回來時，他們出現愛恨交加的矛盾情緒，即想接近母親，但因對母親的離開生氣而抗拒母親對他們的身體接觸；最後雖會再玩耍，但會一直望著母親，生怕什麼時候母親又會溜走；面對陌生人，縱使母親在場，也對陌生人相當提防。這種類型嬰兒的母親的特質，是以滿

足自己需求為中心，如寂寞時，會黏著嬰兒，不管嬰兒
是否需要心理空間；陷入低潮時，雖嬰兒需要安撫，卻
不給嬰兒注意力或愛的需求，所以雖是愛孩子，但由於
情緒不穩定，對孩子的反應不一致，讓孩子無法適從。
嬰兒長期在不穩定的心理情境之下，就較容易變得焦慮
不安。(3) 逃避型依附關係（avoidant attachment），約
占 20%。這種類型的嬰兒很冷漠，在母親分離時，不太
表現緊張情緒，一般會轉身背對著離去的母親；母親回
來時，持續以忽視的態度對待母親，不會伸手要母親抱，
縱使母親企圖吸引他們的注意；一般而言逃避型的嬰兒
跟陌生人相處較融洽，但有時也會跟逃避母親一樣的逃
避或忽視陌生人。這種類型嬰兒的母親，其特質是通常
不回應或拒絕嬰兒，不與孩子親近。(4) 紊亂型依附關係
（Disorganized Attachment），約佔 5%。這種類型的嬰
兒在陌生情境中，是感到最緊張和最不安全的一群，為
抗拒與逃避的組合。在母親離去時會驚惶失措，母親不
在時，無心玩玩具，但與母親重聚時，動作卻又茫然而
僵硬，他們會往母親靠近，但在母親要走進時突然閃開，
造成想接近又害怕的行為反應。這種類型的嬰兒，其母
親常肢體虐待或忽視嬰兒，造成嬰兒本能上想要親近母

親，但是母親同時又是痛苦的來源，讓嬰兒的內心充滿衝突（Ainsworth et al., 1978；張欣戊等譯，2010）。

Tronick 等人（1975）在 1975 年有一研究，謂之撲克臉（Stiff Face）：嬰兒經過 3 分鐘與面無表情的母親互動後，急速安靜下來，變得小心翼翼，他會一再嘗試回復過去與母親之間經常性的互動模式，嘗試失敗後，他就帶著退縮和無助的表情遠離母親。Adamson 與 Frick (2003) 指出這個撲克臉實驗明顯地呈現出縱使是小嬰兒，也已具有社會認知的基石和調節自己的情感的能力，愛的邀請失敗時，就易與照顧者發展出不安全的依附關係。

從以上所述可知，嬰兒的依附關係類型和母親的教養行為極度相關，畢竟母親做為主要照顧者角色，時時圍繞在嬰兒周圍環境，母親的教養方式，嬰兒是直接、間接經驗到，感受到的。教養出有安全依附的嬰兒，張欣戊等譯（2010）指稱其母親具有六項特質——(1)敏感：母親能即時而合宜地回應嬰兒所發出的信號；(2) 正向態度：母親能對嬰兒表達正向的情感；(3) 同步：母親能跟嬰兒建立同步的人際互動；(4) 相互關係：母親和嬰兒能建立共同注意（joint attention）；(5) 支持：母親

對嬰兒的活動會密切注意，且提供情緒支持；和(6)刺激：母親能時常針對嬰兒行動加以指導等。所以嬰兒與母親的依附關係，對嬰兒的情緒發展是重要因素。

　　對於遭遇父母離婚的幼兒，其安全依附關係的養成，就須特別予以關注。McIntosh 等人（2013）指稱，父母離婚後，嬰兒與有監護權的父親或母親同住，於探視期間，離開有監護權的父或母，去另一個家庭與母或父過夜，如此情況，對嬰兒情緒調節的影響，其研究稀少，所以他們應用澳洲孩童縱向研究的全國代表父母資料來分析三個年齡層，即 0-1 歲，2-3 歲和 4-5 歲來對照三種層次的過夜照顧，他們發現 0-1 歲和 2-3 歲幼兒由於與有監護權的主要照顧者分離，情緒上較不安定，調節行為較差，4-5 歲的幼兒則比較沒有這種現象。主要原因是幼小的嬰兒完全仰賴主要照顧者的照顧才能存活，主要照顧者為了照顧他、餵他、替他換尿片、洗澡和哄他睡，常常圍繞在他身旁，長時間相處，兩人建立起強烈依附關係，幼兒晚上要睡覺時，往往哭著要找主要照顧者，主要照顧者與嬰兒的關係是嬰兒情緒調適的有效指標。在教養時間安排上，幼小嬰兒較不適合離開主要照顧者去其他家庭外宿，縱使外宿的家庭是自己的

母或父,以避免產生不安全的依附關係。

第三節　幼兒情緒調適能力對幼兒的影響和照顧者對幼兒情緒調適的影響

前面提到每位嬰兒出生後就具有原始情緒,有了自我覺知後,開始出現複雜情緒並逐漸分化。這些情緒大致可分為兩類,即正向情緒和負向情緒。但為什麼有些幼兒正向情緒發展,如快樂、好奇、自信比較多?但有些幼兒的負向情緒,如憤怒、害怕、悲傷、退縮、無法控制、使用暴力卻比較多?這就牽涉到情緒調適的議題。

幼兒情緒調適能力對幼兒的影響

情緒調適可說是生活中最常面對的挑戰,得意忘形、失魂落魄,無一不是情緒調適問題。去早餐店排隊吃早餐,開車遇到塞車,小孩考試不好,跟太太或先生起衝突,在在須仰賴情緒調節,以利處置。研究發現,幼兒學習情緒調適的成效能預測他將來的社會成就,畢竟常常歇斯底里,動輒暴怒、攻擊他人,或常常滿身酒味,動輒鬥毆滋事,要與他人共事是很困難的。研究也

發現，幼兒控制負面情緒能力與產生問題行為的風險是負相關的，換句話說，幼兒越能控制自己的負面情緒，就越不會有問題行為，情緒調節能力之於幼兒未來行為發展，關係至重（危芷芬編譯，2015）。

照顧者對幼兒情緒調適的影響

多數人可能在大賣場看到幼兒因為家人不買他要的東西，而躺在地上邊哭邊叫，但未看過成年人如此，這就是情緒調適能力有別，而幫助幼兒學習情緒調適者就是照顧者。或懷疑情緒調適為什麼仰賴照顧者幫助成就而不是幼兒本身發展完備？則應知代間傳遞於此之用。

根據 Huang 等人（2017），幼兒情緒調適技巧的獲得，為一持續的國過程，從消極、依賴他人的策略到積極、主動的策略。這種技巧獲得的過程除與幼兒內在的生物反應和行為特質有關外，並受外在照顧者的教養型態所定。幼兒常常圍繞照顧者身邊，與照顧者互動，觀察、模仿，直接或間接吸取照顧者的情緒調適方式，為己所用，就是學習情緒調適歷程（Feng et al., 2008）。

根據 Bandura 的社會學習理論（1977），人的行為主要是後天學習而來，情緒調適也是一樣。學習透過兩

種途徑：(1) 直接經驗習得；和 (2) 間接透過觀察照顧者
的行為去模仿而習得。人之有暴力傾向，可能源頭是照
顧者暴力相待，或目睹家暴，讓他透過直接、間接經驗
習得，暴力行為是一種生活型態，難免從照顧者傳遞給
幼兒（Bandura, 1977; Hitchcock, 1987; Truscott, 1992）。
有一位幼兒園老師分享教學經驗，說曾有一對兄妹為學
生，5 歲的哥哥會說粗話，4 歲的妹妹會罵人，家庭訪
問時發現，哥哥是模仿爸爸，妹妹是模仿媽媽。

　　王秀美與曾儀芬（2012）曾分析一家暴受虐兒的家
庭特質，發現暴力代間傳遞現象和傳遞歷程脈絡，清清
楚楚呈現在這個暴力家庭中，而家庭成員有情緒失調也
就不意外了。訪談對象說：「未諮商前，我發現我不會
處理我的情緒，我只知道要打人。我想我若沒有諮商，
在那個家暴環境汙染之下，可能我以後也會跟我先生打
架，把情緒發洩在孩子身上而打小孩吧！」Fraiberg 等
人（1975）用「鬼在育兒室」的字眼來形容經歷童年受
虐的照顧者，其因受虐引發心理症狀如 PTSD 等，有礙
養兒育女。Malone 等人（2010）解釋，受虐兒成為照顧
者時，因早期受虐陰影的創傷未療癒，成為潛意識中的
鬼，由受虐者變成加害人，嚴重影響其與幼兒的互動關

係，讓其幼兒成為第二代的受虐兒，強烈衝擊其幼兒後來情緒調適能力的發展。

第四節　情緒調適階段和情緒教養

情緒調適階段

　　情緒調適有階段性，Gross (1998) 以情緒表達過程模式，將情緒調適分為兩個階段，第一階段是以前因為焦點（antecedent-focused），第二階段以反應為焦點（response-focused），而不同的情緒調節策略會引發不同的認知和情緒反應。Gross (1998) 請 120 位參與者觀看一部令人厭惡的影片，並紀錄這些參與者的經驗、行為和生理回應，以區辨這兩階段情緒調適模式的不同。參與者要回應的研究主題有三——(1) 重新評價：也就是認知上設想這部影片不值得在意，這是屬於以前因為焦點的情緒調節；(2) 壓抑：也就是行為上表現得讓外人看不出有何異狀，這是屬於以反應為焦點的情緒調節；(3) 控制情境：就當是看一部影片而已。結果發現與控制情境相較，重新評價或壓抑兩者雖都能有效降低情緒表達行為，但重新評價降低厭惡的經驗，而壓抑則激發

同情的情緒。

以前因為焦點的情緒調節

　　以前因為焦點的情緒調節是防患於未然，也就是在情緒未爆發之前，就將引發情緒爆發的因素排除，這些因素包括情境選擇、情境調節、注意調整、認知改變等四項，這些因素都須靠照顧者的幫助，來訓練幼兒。吳秉嵩（2018 年 6 月 4 日）報導，一名 5 歲的幼兒，因為隨地大小便，父母以教養無效，乃用衣架將之捶楚而亡。此案緣於幼兒怕黑，不敢單獨如廁，照顧者要時時陪伴幼兒前去，深覺厭煩所致。以情緒調節來說，照顧者在情境選擇方面，可在臥室放置小便盆，讓幼兒在小便盆上大小便，來紓解孩子怕廁所暗的情境；在情境調節上，可在廁所換裝亮度較高的燈，減輕幼兒的恐懼；在注意調節上，可將注意力調整為了解幼兒的生、心理現象，上廁所是否正常，或可能飲食不當引發排洩問題等現象；在認知改變上，照顧者可回想自己小時候也怕暗，以理解幼兒怕暗的情緒，幫助幼兒克服困難。

以反應為焦點的情緒調節

　　以反應為焦點（response-focused），就是調適情緒的反應，讓情緒反應適時適境，不至於失當。仍以上面幼兒怕黑不敢上廁所為例，父母或可幫助他、設身處地理解他、陪他去上廁所，或不耐煩，不理他，甚或如媒體報導虐之於死。簡媜（2000）譯有一繪本，其中言及一位祖母幫助小女孩克服害怕雷鳴的故事，題為雷公糕，即小女孩聽到雷聲就嚇得躲到床底下，她的祖母就挑在雷鳴的時候做糕，來幫助小女孩去除對於雷鳴的恐懼。照顧者的情緒教養十分有益於幼兒情緒調適。

照顧者的情緒教養

　　　　兄弟在房間玩吹泡泡，一位4歲，一位6歲，泡泡水弄髒地板，照顧者命兄弟將地板擦乾淨，並質問弟弟泡泡水應該在哪裡玩？弟弟也知道不能在房間玩，照顧者命弟弟將泡泡水交給她，弟弟態度很差，不情願地交上去，照顧者提醒弟弟注意自己的態度。

　　前面提到情緒的六種成分：(1) 認知評估；(2) 主觀

經驗;(3) 思考與行動傾向;(4) 內在身體變化;(5) 臉部表情;和 (6) 對情緒的反應。照顧者因應兄弟在房間吹泡泡的情緒教養,會深深地塑造兄弟情緒的六種成分,影響他們未來情緒調適能力發展。照顧者現身時,臉色是憤怒,音調是高亢、尖銳,肢體語言的樣態是指責,兄弟根據過去的主觀經驗,就有情緒的六種成分,其反應是不情願地將泡泡水交給照顧者,照顧者更提醒弟弟注意自己的態度。照顧者未曾留意,人際互動如非雙贏即是雙輸,不可能恚而施暴,卻期待對方心懷感激,照顧者既是憤怒情緒,就不該希望兄弟的態度是禮貌、順從。面對幼兒哭、鬧、生氣、高興等情緒反應,照顧者如何回應,就是一種情緒教養,情緒教養處處重要。

　　Gottman 等人(1996)提出情緒教養的後設情緒(meta-emotion)理論,以明於己於人之情緒認知。透過後設情緒的概念,他們認為,照顧者內在化他們自己和幼兒表現的情緒知識,會依其成效發展出兩種完全不同的情緒教養特質,即情感教練型(emotion coaching)和情感驅離型(emotion dismissing)。

情感教練教養型態

　　Gottman 等人（1996）指稱情感教練教養型態的照顧者成功內在化他們的情緒經驗，經由對自我情緒經驗的體會和覺察，了解和接受喜怒哀樂等情緒是生命的一部分，面對幼兒的情緒反應，他們能以將心比心的態度，覺察自己和幼兒的內在情緒，且有能力應用這種覺察來幫助幼兒。他們能以區辨和接受的態度來對幼兒說明情緒，告訴幼兒「媽媽知道你現在很生氣」或「媽媽了解你很傷心」，並且幫助孩子處理負面的情緒，讓幼兒在社會化過程中受惠。情感教練型的照顧者認為負面情緒是一種親近幼兒的機會，能夠耐心陪伴幼兒悲傷、生氣、或害怕，讓幼兒信任他們的感覺，並發展出較好的情緒調適和能力以解決問題（Gottman et al., 1996; Lagace-Seguin & d'Entremont, 2006）。Isley 等人（1999）的研究發現照顧者的正向情緒和幼兒的社交勝任有強烈關係。

情感驅離教養型態

　　情感驅離教養型態的照顧者在自己的情緒經驗內在化上是失敗的，此人過去有負面情緒時，不是被喝斥，

就是被否定、抑制,如被罵「你再哭,我就打你」或「這有什麼好生氣的」,緊張時,被告誡「不要緊張」,以至於認為負面情緒是不好的,是有害的,面對負面情緒時,只希望讓負面情緒趕快離去,難以覺察情緒,不知負面情緒是生命的一部分,因此一來,也就無法對幼兒情緒發展出同理的態度,削弱了幫助幼兒處理情緒的能力。這類型的照顧者一方面害怕負面情緒,認為負面情緒是一種情緒失控現象,一方面沒有情緒覺察能力和回應技巧來應付幼兒負面的情緒,面對幼兒的負面情緒反應時,或因不舒服或因不知所措,就採用忽略或驅離幼兒的負面情緒的方式,企圖讓幼兒的負面情緒立刻消失,以免持續太久(lasting effects),如幼兒在哭時,就命令幼兒不准哭,甚至威脅暴力以懲,造成幼兒壓抑、疏離或否認自己情緒(Gottman et al., 1996)。

總之,照顧者對幼兒的同理或不同理的回應,如幼兒跌倒時照顧者是予以安撫或奚落他活該,對幼兒的人格和情緒發展是兩極的,影響是深遠的。照顧者若對幼兒的每個動作、聲音和需求進行互動、回應,便可建立信任與愛的堅固繫帶(bond)。相對的,若照顧者對幼兒若即若離,漠不關心,覺得幼兒吵鬧惱人,動輒大呼

小叫，相信幼兒是其自由的羈絆，幼兒在照顧者不耐煩的情境中成長，擔心遭受遺棄，內心就充滿不安、焦慮，而易發展出情緒失調症狀。

第五節　照顧者不合宜情緒教養和合宜的情緒教養策略

照顧者不合宜情緒教養

照顧者不合宜情緒教養，其事甚多，其一是照顧者的精神狀態不佳。如照顧者罹患憂鬱症，而憂鬱症患者本身在情緒調適上就有困難，為人母時，研究發現其在親子互動過程中，回應幼兒，不但弱於正向的情緒，也缺乏合適調適情緒的技巧和榜樣來訓練幼兒，幼兒在有憂鬱症的照顧者照顧之下，不只易有情緒失調，也易有遲語（Feng et al., 2008; Gottman et al., 1996）。幼兒丙就是一個例子，丙媽媽在訪談中，坦承自己有憂鬱症，僅能滿足幼兒丙基本的生理需求，很少逗弄和給予語言刺激，或許如此，幼兒丙有遲語現象。

其二是不當教養。幼兒行為不慎或有釀成意外之虞，照顧者如何制止，是為教養互動的重要課題。Feng

等人（2008）指稱，照顧者若制止幼兒不當的行為，也
會引發幼兒的情緒失調，研究發現，孩童對壓力情境有
高度反應的傾向，常常被制止的孩童會變得容易反應過
度。照顧者若採用不當的制止方式，可導致被制止的嬰
兒和學步兒在回應陌生人和不熟悉的事物時，會有較多
自我安慰性的行為（seelf-soothing）。情緒上，被制止
的幼兒和學齡的兒童（behaviorally inhibited children）
則會產生反常的膽怯、靦腆和退縮，幼兒甲就是如此
（Kagan et al., 1988）。

其三是暴力的家庭環境。Caiozzo 等人（2018）指
稱，暴力目睹兒面臨一系列的發展危機，包括對情緒的
了解和調節的缺陷。對情緒的了解和調節是一種適應性
的情緒管理能力，這種能力與個體的心理健康、社會和
學業勝任是相關聯的。他們的研究發現父母之間的衝突
暴力對照顧者和幼兒的情緒調適是不利的。

合宜的情緒教養策略

如幼兒處於暴力家庭，目睹家庭衝突，照顧者可有
效的幫助幼兒處理這種暴力情境。Caiozzo 等人（2018）
稱，幼兒在玩時，照顧者 (1) 留意幼兒的情緒並予了解；

(2) 幼兒表現悲傷時，能有效地傾聽；和 (3) 照顧者自己有能力調適與伴侶衝突後的情緒；如此一來，則不只能緩衝幼兒因暴露在雙親之間的暴力衝突之下，所造成的情緒調適問題，也能提升幼兒情緒調適的復原力。

其次，哺乳也是照顧者對增進對幼兒情緒同理的重要策略。哺乳不只滿足幼兒生、心理需求，促進親子親密接觸，且可讓母親有機會仔細觀察孩子的生心理狀態。就幼兒來說，母親親自哺乳，幼兒嘴含母親乳頭，吸吮母乳果腹，以滿足生理需求的同時，又可與母親有極親密肌膚接觸，可藉以滿足心理安全、溫暖、關懷、愛的需要，且因唯一能提供食物的只有母親一人，誰也不能取代，這樣也就更容易建立親子之間強大的依附關係。若是用奶瓶餵奶，幼兒雖也能滿足生理需求，但抱著奶瓶，加上餵奶瓶的人可以取代，其感受便和抱著母親巨大的身軀，依偎在母親的懷裡吸吮，完全不同。對母親來說，母親親自哺乳，不只與幼兒有肌膚上的親密接觸，幼兒在吸乳的同時，也可細膩觀察到幼兒的生心理狀態，如是否發燒？吸吮力道、胃口如何？情緒是否影響胃口等狀態。Kim 等人（2011）指稱，運作磁吸共鳴影像（functional magnetic resonance imaging〔fMRI〕）

研究雖已確定母性行為相關的腦部區域，但對於母親哺乳和母性行為在神經生物機制中的相關性，學界所知卻少，他們企圖探索早期哺乳中母親腦部對嬰兒刺激的回應和母性敏感度的關係。研究參與者是剛出生 2-4 週的健康嬰兒和其生母，共 17 位配對。一組是母親完全餵母乳，另一組是母親餵配方奶。研究方法是母親在產後第一個月以 fMRI 測量母親回應嬰兒啼哭和控制嬰兒啼哭時，母親腦內的活動。在嬰兒 3-4 個月大時，錄影親子在家中互動的情形，以分析母性的敏感度。結果發現，孩子哭時，餵母乳的母親在前額迴（the superior frontal gyrus）和扁桃腺（amygdala）較之餵配方奶的母親，有更大的回應，而這兩個區域與高度的母性敏感度有關，也代表餵母乳的母親在產後早期對幼兒有較強的繫絆和同理（bonding and empathy）。

　　總結上述可見，不論從客體關係、依附關係，或照顧者的情緒教養來說，照顧者對幼兒情緒調適發展都很重要。照顧者是幼兒的現在，未來會成為幼兒的過去，但照顧者對幼兒的情緒回應是幼兒一生情緒發展的根，不論意識或潛意識，都會存在著千絲萬縷的聯繫（黃佳瑜等譯，2018）。

第九章　照顧者的教養認知和幼兒遲語的相關性

John B. Watson 曾說：

給我 12 個健康，外型健全的嬰兒，並在我設計的環境中成長。我可以保證隨機挑選任何一位嬰兒，我都可以把他訓練成任何一種專家：醫生、律師、藝術家或商業主管，甚至是乞丐或小偷，不論該嬰兒的天賦、嗜好、傾向或種族為何（危芷芬編譯，2015）。

這些話看起來有點偏激，卻說明了照顧者建構的生長環境對幼兒的影響。對於幼兒而言，照顧者是他的世界，幼兒吃、喝、拉、撒、睡、玩都環繞著照顧者。在幫助幼兒的語言發展上，照顧者不論在創造幼兒的語言學習環境，協助幼兒情緒調適發展，都居於關鍵地位，照顧者的教養認知是治療遲語不可不知的要事。只有了解照顧者的教養認知，才能了解照顧者應有的的教養責任和教養態度，而遲語兒的語言訓練，亟需照顧者提升其與幼兒的互動品質，強化其對幼兒的語言輸入，與主動送幼兒進行語言治療，才能改善幼兒的遲語症狀。

第一節　教養認知

Mash 與 Johnston (1990) 提出照顧者與幼兒的互動壓力模式，在這個模式中，有三種特質決定照顧者與幼兒的互動關係，就是：(1) 幼兒的特質，如性情、認知、生理屬性，及行為問題等；(2) 環境的特質，如互動脈絡、生活雜事和家庭重大變故（如婚姻不和、伴侶外遇、家庭重大損失）等；和 (3) 照顧者的特質，如教養認知、情緒狀態、人格特質、教養策略和社會支持度等，其中教養認知更是關鍵。

教養認知是指照顧者的親職認知，也就是照顧者對幼兒行為和對自己教養責任的看法，以及對自己教養能力的評估等，如幼兒行為的歸因、教養內外控認知和教養勝任感等特質都是屬於教養認知，而這認知則化為其教養行為，影響其對幼兒教養環境的建構（Bornstein et al., 2010; Mash & Johnston, 1990; Mclanghlin & Harrison, 2006）。

教養認知對教養行為的影響

教養認知影響照顧者的教養行為，Carter 等人

（2014）針對新加坡家有 6 歲幼童的 244 位父母，探究這些父母對幼兒認知方面的問題解決與創造兩種能力，和非認知方面的實務性學校技能與順從兩種能力的重視程度。研究者懷疑，父母對幼兒四種能力的要求，是否隨年齡而異？結果發現，隨著父母年齡的不同，確實在認知方面，對問題解決與創造能力的重視會有所不同，且隨著父母的年齡越高，就越重視非認知方面能力。從此一研究可推知，隨著照顧者教養認知的改變，在教養題材上，就會有所改變。

　　據新聞報導，有名男童替父親買肉圓，未請店家添加辣味，遂遭父親毒打成傷。又台南一 1 歲 6 月大幼兒哭鬧打翻牛奶，17 歲少年母親以「不求人」搔癢器施以楚虐，母親見幼兒翻出眼白，尚與親友一起到 KTV 夜唱 3 小時，返家途中看見幼兒有異狀，將之緊急送醫不治，院方見幼兒全身瘀青，新、舊傷痕併陳，報警處理，揭露虐童致死案。警方更查出幼兒的母親，與同住的母親表姊、表姊夫等人看到幼兒啼哭便行虐毆，法醫解剖幼兒，發現顱內出血，疑為抓幼兒頭部撞牆或地面所致，全案依殺人罪嫌送辦（陳科廷，2019 年 1 月 17 日）。以上兩案，都牽涉到施虐者的教養認知，其以自我為中

心，不符合自我的要求就恣意肆虐，完全沒有考慮孩子的處境。

　　照顧幼兒雖沒有公式可言，但具有合宜的教養認知則會令人採取合宜的策略，如照顧者主動與老師接觸，了解幼兒在幼兒園情況，陪同幼兒閱讀等，都能提升幼兒的語言能力（West-Olatunji et al., 2010）。不合宜的教養認知，會引發照顧者教養時情緒失控，採用不合宜的教養策略，如體罰、責備等方式。方法失當，照顧者與幼兒互動惡化，幼兒行為亦隨之惡化（Bank et al., 2008）。教養認知合宜與否，決定幼兒與照顧者的關係，以及幼兒的情緒和行為，更影響幼兒的語言學習。

教養認知的面向

　　教養認知的涵蓋範圍，McGillicuddy-De Lisi 與 Sigel (1995) 指稱有四種面向：(1) 歸因取向；(2) 訊息處理模式；(3) 建構概念；和 (4) 交替概念。其他學者也將教養的內外控認知與教養勝任感等歸屬於教養認知（Bornstein et al., 2010; Mash & Johnston, 1990; Mclanghlin & Harrison, 2006）。現將這些照顧者教養認知的不同面向分述如下。

歸因取向

Mash 和 Johnson (1990) 指出，遭遇幼兒行為問題，照顧者對幼兒的評估、報告和觀察都受到歸因取向的影響。根據鄭芬蘭（2000），歸因論以 Weiner 的認知動機理論為代表，其意為個體會想了解行為的原因，尋求何以如此的理由。歸因歷程開始於個體內在信念，然後產生情感反應，進而影響對後續行為的預期。

Holigrock 等人（2009）稱，教養歸因是照顧者對幼兒行為的解釋，這種解釋會立即衝擊照顧者的情緒以及對幼兒行為的回應。照顧者的教養歸因基本上可分為內在歸因和外在歸因。例如幼兒意外撞到桌子跌倒而大哭，有的照顧者會先安撫幼兒情緒，然後教導幼兒下一次如何小心避開桌子，這是屬於內在歸因，認為幼兒自己要為跌倒負責；有的照顧者則會搥擊桌子，認為是桌子害幼兒跌倒，這是屬於外在歸因，認為是桌子的錯。王秀美與吳珍梅（2011）發現過動兒的照顧者若屬於內在歸因者，其以非不欲也，實不能也來解釋孩子失控的行為，而將如何導正孩子的偏差視為是自己責任，於是會修正教養策略來幫助孩子；反之，照顧者若屬於外在歸因者，則會認為孩子的不專注或衝動是故意的，於

是責備孩子,輕易採取獨裁控制來強迫孩子接受規範
(Gerdes & Hoza, 2006)。幼兒在不同的教養歸因環境
之下,也會承襲照顧者的歸因取向。

　　內在歸因形成內控的教養認知,具有內控教養認知
的照顧者相信教養幼兒是他們的責任,幼兒的行為是他
們用心教養下的產物,他們在教養上有勝任感、責任心
和自尊。見及幼兒有問題,他們能負起責任,幫助幼兒。
Cohen 等人(2008)探究家有腦麻幼兒的照顧者,發現
內控認知的照顧者較能接納孩子的障礙、支持孩子自
主,並且較為關注孩子,待孩子較為溫暖。

　　外在歸因形成外控的教養認知,具有外控的教養認
知的照顧者相信照顧者的角色是無效的,教養幼兒的
行為不是他們的責任,幼兒的行為是外在環境所操控
的,如孩子變壞,都是朋友帶壞的,他們在教養上會
有無力感及防衛心態(Bank et al., 2008; Jones & Passey,
2005)。Lufi 與 Parish-Plass (1995) 發現過動兒的照
顧者如有高度的外控認知,會覺得生活是無法控制的
(Bank et al., 2008)。又如前文提及的台南少年母親虐
兒致死案,受害幼兒凌晨四點在睡夢中被喚醒,由四名
成年人輪流虐毆至六點,他們施虐的理由竟是幼兒為鬼

魅所祟，夜間會作怪，應讓幼兒日間盡量保持清醒，以利其夜間入睡，太平無事，所以才會喚醒幼兒，任性肆毒，此例屬於外在歸因，照顧者將幼兒的問題視為外在環境因素所造成，與自己的教養態度無關。又如 Sobol、Ashbourne、Earn 與 Cunningham (1989) 發現，幼兒如不願配合遊戲，過動兒照顧者相比同齡正常發展幼兒的照顧者，過動兒照顧者較會責備幼兒，認為幼兒故意不配合，卻不了解幼兒不願意配合的原因是遊戲的情境與幼兒的人格不相容。由於過動兒的照顧者以負向歸因來解讀幼兒的行為，就會以負面情緒和獨裁控制的方式來強迫幼兒，嚴重衝擊親子的互動關係，也嚴重影響過動兒的治療成效。

　　面對幼兒問題時，不同的歸因取向，不只會引發不同的教養策略來回應，也會導致教養勝任感的危機。教養勝任感是指擔任照顧者角色和處理幼兒問題效能上的勝任感，這與教養行為是有高度關連的。照顧者覺得是否能有效處理幼兒問題，會強烈影響他們回應幼兒的態度，自然也影響幼兒的身心發展（Mash & Johnston, 1990; Mclanghlin & Harrison, 2006）。研究顯示，具有高度效能的照顧者能預測幼兒社會情緒是否健康，還能

促使幼兒學習照顧者正向的行為，如較少的懲罰，較多
的回應和互動；至於照顧者覺得無能為力，則幼兒表現
出社會性退縮行為，連照顧者自己也有憂鬱、備感壓力
和茫然無助等症狀（East & Felice, 1996; Knoche, Givens,
& Sheridan, 2007）。

　　幼兒有遲語問題時，照顧者基於教養歸因，若將幼
兒遲語視為幼兒的發展問題，認定是大器晚成，或男幼
兒發育比較慢，來降低焦慮感，則往往會延誤幼兒的語
言訓練；若相信教養責任要由自己承擔，自己須營造幼
兒語言環境，提供幼兒口說話、表達己意的機會，則幼
兒鬧情緒時，能以情感教練教養型態來幫助幼兒情緒調
適，則幼兒的語言發展自然良善。

訊息處理模式

　　Mills 與 Rubin (1990) 指稱，訊息處理模式的教養認
知即照顧者透過與幼兒相處的經驗以獲得訊息，決定其
教養策略。1960 年代興起的認知運作模式理論，將人腦
比喻為電腦，其訊息的獲得、選擇、儲存、提取，與使
用等，皆與電腦類似，如此結構與歷程，將人腦資訊的
運作以電腦的登入、登出來解說，與訊息處理模式的教

養認知不同，訊息處理模式的教養認知是以幼兒的回饋資訊來教養幼兒。（吳昭容、張景媛，2000）。

根 據 張 欣 戊 等 譯 （2010），Richard Atkinson 與 Richard Shiffrin 在近四十年前發展出訊息處理系統的多元儲存模式（Multistore model），是了解人類如何思考的重要指引。其大意為個體的眼、耳、鼻、舌、身等五官就如電腦鍵盤，為登入器官，屬於硬體設備，人腦的儲存機能也屬於硬體設備，外在環境的資訊內容則是屬於軟體。五官接觸色、聲、香、味、觸等資訊，儲存在感覺儲存裡，感覺儲存屬於直覺，儲存量非常有限，儲存時間相當短暫，如無透過知覺加以注意、處理，瞬間消失。短期儲存刻意處理的資訊會進入長期儲存，其儲存量大，儲存時間久。資訊從感官的輸入到長期儲存，個體居於主導的地位。個體會採用選擇性注意去面對資訊的輸入，並將資訊儲存保留和提取，以便遇到問題時，找出自我解決的方案。

在訊息處理模式的教養認知裡，照顧者面對幼兒發出需求訊息，如飢餓，排洩，病痛等要有回應，但一般人並不是先有育兒知識才產育後代，而是產育後代後，才開始學習如何擔任照顧者。照顧者須進入完全不熟悉

的育兒領域，可說是一大挑戰。台諺有云：「生一個孩子，白賊三年。」道盡照顧者面對沒有語言能力表達需求的幼兒哭、鬧，要猜測、摸索其意的辛苦與無奈。照顧者的教養知識，會影響其於幼兒所發訊息的判斷。俗謂第一胎照書養，即是對於幼兒表達的需求訊息不能理解，戒慎恐懼，全憑書本所言，照表操課；至於第二胎照豬養，則是有了養育第一胎的經驗，較有把握，游刃有餘了。

　　在幼兒語言發展上，訊息處理模式不論是 Richard Atkinson 與 Richard Shiffrin 的多元儲存，或是照顧者與幼兒互動過程所得者，是同時並存的。幼兒學習語言，須有相當大量的語言訊息，透過五官輸入，讓知覺去注意、分辨，了解語音、語意和語法，進入感官儲存、短期儲存，甚至長期儲存，加以保留，並在適當時機提取。照顧者在與幼兒互動過程中，對幼兒進行語言的輸入，幼兒則在回應照顧者的過程中，提取被輸入的語言，統整後輸出表達（張欣戊等譯，2010）。

　　在照顧者的訊息處理模式教養認知裡，照顧者透過幼兒的語言輸出表達，了解幼兒語言能力訊息，依照幼兒語言能力，就幼兒說出單字「車、車」，兩字「汽車」，

或是完整句子「這是汽車」等，而行輸入處理決定，這是一種幼兒與照顧者之間的心靈密碼，是兩人之間的心靈 WiFi，在這照顧者輸入、幼兒輸出的微妙互動中，幼兒累積詞彙，獲得語言。遲語兒之出現，便可能在於遲語兒和照顧者缺乏這種心靈密碼和心靈 WiFi，以致語言訊息輸入、輸出過於貧弱。

建構概念

　　建構概念的教養認知是指照顧者透過生活經驗，建構他們的教養認知（黃琇青，2007）。根據洪振方（2000），建構主義最初是一種如何獲得知識的觀點，主張外在環境是客觀存在的，個體以自己的經驗為基礎來詮釋外在環境，這是一種現象學的概念，易形成公說公有理，婆說婆有理自由心證的情形。外在世界的點點滴滴如何進入學習者的腦中，要靠學習者本身注意、記憶和提取。例如百貨公司有衣服成千上萬件，每人注意和選取的都不一樣，在街道上也很難看到穿同樣服裝的人，除非是制服。所以建構主義者認為知識是學習者依個人生命經驗的素材，主動去建構，加上和他人互動與磋商而形成。

　　說到照顧者如何建構他們的教養藍圖，以一般東方
文化而論，傳統家庭成員習於就下一代而行比較與計
較，卻不甚關注孩子的能力和情緒，會有學業成績比人
格發展更重要的偏差觀念。有一首歌《我只是個孩子》，
歌詞是：

隔壁鄰居小明	期末又考了第一
王大媽的孫女	剛琴她過了十級
我爸戰友的兒子	一口流利的英語
我媽同事的女兒	有深厚的舞蹈功底
聽到這些消息	我只能默默不語
你們的期待	我都明白在心底
無憂無慮的日子	已經變成回憶
晚上睡覺常常夢見	做錯的那道題
我拿着試卷不敢去簽名	因為分數沒到老爸的預期
我知道少壯要努力	可為什麼要和別人比
我只是個孩子呀	其實我也會調皮
我只是個孩子呀	給我多一些擁抱吧
我只是個孩子呀	請給我一只畫筆
我只是個孩子呀	讓我為童年畫出最美的四季
身邊的小伙伴	都要忙着到處學習

哎 成績怎麼樣啊　　便成了禮貌用語

地球上有一種孩子呀　　叫別人家的孩子

可在我心底　　老爸老媽我不想比

我只是個孩子呀　　其實我也會調皮

我只是個孩子呀　　給我多一些擁抱吧

我只是個孩子呀　　遊戲裡有我的秘密

我只是個孩子呀　　讓我的童年留下最美的回憶

我只是個孩子呀　　別拿我和別人比

我只是個孩子呀　　給我多一些擁抱吧

我只是個孩子呀　　請給我一支畫筆

我只是個孩子呀　　讓我為童年畫出最美的四季

讓我的童年　　再多些快樂吧

（吳耀杰，2017）

　　這首歌是一名 9 歲的兒童所寫的被教養經驗，很傳神的描繪了照顧者的教養認知。

　　在東方文化裡，有養兒防老和女大不中留的傳統觀念，重男輕女，有士農工商的尊卑排序，以讀書為最好的出路，光宗耀祖。這種心態造成男童教養的極矛盾處，男童在家中被過度優待，不做任何家事，卻也被過度要求，須在外面表現獨占鰲頭，令人可藉以在親朋好

友面前炫耀。在家過度受優待，則男幼兒未明確表達需
求之前，容易被滿足，減少了操作語言表達的機會；
過度被要求，則容易令人只看到幼兒缺點，忽略幼兒優
點，常常加以糾正、責備，造成幼兒喪失自信，畏畏縮
縮。照顧者不甚營造幼兒的語言表達機會，與幼兒情
緒上退縮，便可能造成男幼兒的遲語（Cassel & Meyer,
2001）。

交替概念

　　概念交替的教養認知是指照顧者以其特有的認知和
行為，在與他人互動的社會化過程中，進行教養概念的
交替（黃琇青，2007）。照顧者以照顧幼兒為生命重心，
每天常在幼兒左右，幼兒每天常與照顧者形影不離，彼
此相繫相連，心中想的都是對方。如此共處，就像練武
功，幼兒使出招數，照顧者就須有以應之，有時也難免
無以應之。一般幼兒照顧者以女性居多，其相聚時，話
題往往離不了照顧幼兒的事。面對育兒的疑難雜症，如
幼兒晚上哭鬧怎麼辦？幼兒不會說話怎麼處理？有經驗
的婦女就會分享所知，互相交換意見。這樣若無法解惑，
有的就會查閱書籍，以資參考，如前述第一胎照書養，

第二胎照豬養，這些即是交替概念下的教養認知。

　　照顧者的教育程度會影響其於交替過程中資訊的揀擇。Combs-Orme 等人（2013）指稱，照顧者的教育程度於教養認知和教養策略有相當的決定作用，如照顧者知道 3 歲以前幼兒腦部發展情形與否，便決定其於幼兒縱容或培育，照顧穩定或不穩定。Talor 等人（2004）在就學社會化模式中，發現照顧者對幼兒就學的態度、價值觀和認知，或有助於或有礙於其對幼兒過渡時期的準備，與幼兒到學校就學的成效。Campbell 等人（2003）發現，照顧者的教育程度低是幼兒遲語的危險因子。

　　教養認知呈現歸因取向、訊息處理模式、建構概念、和交替概念等這四種面向，每種面向環環相扣，而非各自獨立運作，只是其中歸因取向最是關鍵，主導教養認知的走向和資訊過濾，決定了照顧者在訊息處理、建構和交替教養資訊時的注意和所在，更影響照顧者在幫助幼兒語言學習上的教養態度和策略。

　　前文言及四種面向與幼兒遲語的關係，但未曾詳述，現以李佳芬（2019 年 2 月 23 日）為例，將這四種面向整合而論之。以代間傳遞的現象而言，人往往學習榜樣成長，家中的長輩即是幼兒學習的榜樣。李佳芬接

受李四端專訪時說，你要孩子成為怎樣的人，你就要先成為這樣的人，身教重於言教。她說，她的大女兒在讀小學一、二年級時，上課出去未歸，老師請她留意此一情況，經過與孩子深談，她發現孩子有學習上的障礙，功課趕不上其他同學。她開始大量閱讀教養相關書籍，尋找方法來幫助女兒度過學習障礙的難關。就教養認知的四個面向來說，首先在歸因取向上，李佳芬屬於內在歸因，覺得自己要負起教養的責任，而這種取向也激起她決心提升自己的教養知，以惠益女兒。其次在訊息處理模式面向上，李佳芬既然是內在歸因，她一方面透過與女兒會談獲得訊息，來了解女兒的問題，一方面則大量閱讀相關書籍以強化教養能力和教養策略，並觀察評估女兒的情況是否改善。在建構和交換概念面向，李佳芬藉由書籍的資訊交替過去的教養模式，也在建構新的教養模式。與此相同，面對幼兒遲語，內在歸因的照顧者會思考自己如何能幫助幼兒，並親自加以落實。如李佳芬發現女兒考試僅及三十分上，就與其夫婿韓國瑜兩人輪流帶領女兒閱讀認字，每天為她唸兩小時的床邊故事，這種輔導進行了三年，女兒不但認識了字，也養成了閱讀習慣，甚至參加作文比賽，獲得首獎（韓國瑜、

黃光芹，2019）。

　　反之，照顧者的歸因取向如是外在歸因，則可能想不到提升自己的教養能力，而託咎於其他原因，甚而惑溺於民間信仰，認為幼兒的遲語與自己如何教養幼兒無關，自己也於此無能為力。果真如此，在資訊處理方面，可能就會求神問卜，以消災解厄；建構和交換概念面向方面，則不免尋偏方，或或找人算命，以知孩子是因本身業障或受先人餘殃所累才會不說話，甚至幻想孩子是為鬼魅所祟。對於幼兒遲語，照顧者的教養認知真足以決定問題能否獲得改善。

第十章　遲語兒的專業治療

　　　　脚踏實地，朝進步的方向前去。進步和改變會慢慢出現，但可能需要幾年的時間。—— Michelle Obama（黃佳瑜等譯，2018）

　　生理發展完全正常的孩子為何會有遲語現象？Rescorla 等人（2001）和 Naremore、Hopper (1997) 的研究，其與第三章所述危險因子是相呼應的，也就是說：(1) 照顧者沒有建構語言環境，使幼兒少有互動練習，以累積字彙，並於認知中缺乏這種能力；和 (2) 幼兒在情緒上無法與人順利互動，是幼兒遲語的因素，這與我治療遲語兒的經驗一致——幼兒幾無文化和語言環境刺激，無人逗弄，遂成遲語。治療遲語要對症下藥，修補失去的部分，自然而然會有轉機。

　　改善幼兒語言障礙，須走對方向。欲知方向何在，就要了解幼兒如何獲得與熟練語言。根據 Rescorla 等人（2001），他們依照紀錄 422 名 2 歲幼兒的日記，來鑑定這些幼兒使用的詞彙庫，發現幼兒常用的詞彙為物

件、事件、行動，財產，以及與幼兒生活息息相關者，如餅乾、蘋果、球、書、狗、媽媽、爸爸、眼睛、湯匙、車、再見、謝謝等。幼兒這些字彙的獲得，是日常與照顧者互動累積學會的。研究者之一的 Hopper 在與其 18 個月大的女兒對話過程中，發現女兒在 1 歲多時，兩人輪流對話，女兒速度很慢，Hopper 必須用好幾秒鐘才能讓她了解自己已經說完話，就等她回應。隨著年齡增長和互動練習增加，女兒輪流對話時漸趨敏捷又精準（Naremore& Hopper, 1997）。幼兒語言的獲得和熟練都是透過生活經驗，與照顧者互動，在模仿、觀察、練習而來。

　　以上述兩個危險因子而言，最有效的治療遲語方式是讓幼兒願意學，照顧者會教，攜手合作，以得成效。

　　讓照顧者會教，遲語幼兒願意學，事涉照顧者對幼兒情緒和語言的訓練，而這對照顧者和遲語兒都不容易，他們都不具足這種能力，也不具足這種認知。幼兒的年齡漸漸增長到 3 歲、4 歲時，照顧者發現幼兒還沒有語言，甚至只會單音，往往束手無策，向外求救，就有遲語兒的治療了。

第一節　照顧者對醫療體系的負面經驗

為了了解幼兒的發展，照顧者觀察、衡量和評估幼兒情況，可說是日常功課。稱職照顧者常會利用與幼兒互動的機會完成這項功課。一位保母告訴我，在她的工作經驗裡，她喜歡同時照顧兩名嬰兒，她發現如此一來，嬰兒會較聰明，語言學習和反應會較好。我問她這樣不會太累嗎？負擔得了嗎？她說在為嬰兒準備飲食的時候，兩名嬰兒坐在嬰兒椅上，會自行互相逗弄戲耍，互相激發活動，自己樂得省事。質言之，這是兩名嬰兒彼此進行文化環境的輸入和輸出。然而這是這位保母的個人經驗，並非所有的照顧者都有這種觀察、衡量和評估的機會與能力。

幼兒成長至 3 歲甚至 4 歲、5 歲還沒有語言時，照顧者如何焦慮和緊張，可想而知。他們會尋找資源解決問題，求助於醫療體系，但有些遲語兒的照顧者在與醫療體系往來的經驗中，遇到許多挫折，而有負面的感受。

無法接受醫療體系對幼兒貼上標籤

甲媽媽、己媽媽和丁媽媽談到，幼兒被醫生判定須

向早療中心申報並辦理殘障手冊時，懷疑語言遲緩幼兒
是不是就此被貼上身心障礙者、智能障礙者的標籤，這
對她們來說是一道很大的壓力；另外醫療體係似乎也未
教導照顧者如何幫助自己的遲語兒。

　　「最後就帶孩子去醫院照腦波，結果讓我好沮
喪。去醫院一開始就填問卷，填完就告訴我要申報
給早療中心，那時我認為孩子是正常的，於是就問
我先生要申報嗎？有需要申報嗎？他的立場是申報
也沒關係啊，多一個協助我們的力量，可是我認為
這樣就判定孩子就是有問題，經過先生開導之後，
我就想說也好，可是心理還是有一個疙瘩，畢竟孩
子真的不會說話。」（甲媽媽）

　　「那個醫生跟我說他五歲之後，語言若還沒有
進步的話，就到那邊了。我回來哭得唏哩嘩啦，跟
我先生說他已經符合申辦殘障手冊的資格，可是到
現在我們都還沒有去申辦，我不敢去，因為我先生
一直認為，辦完之後，搞不好會把他變成特教班的
小孩子。」（己媽媽）

　　「是滿難接受他是智障這個標籤，他本身實際

上看起來是應該沒有這個問題，他不是智能發展有
問題，他是缺乏練習，但是台灣現行的社會福利法
令就是這樣子，不是殘就是障，他必須有這個標
籤才能接受治療，所以我們只好接受。有時好想逃
離這些給你壓力的人，去找另外一個空間，另外一
個地方，讓我有一個不要被貼標籤的環境來重新開
始，也許會對他就較好。」（丁媽媽）

醫療體系無法改善幼兒遲語的困境

部分受訪者談到攜幼兒接受治療的經驗時，以為治
療並未改善幼兒遲語的問題，尋找醫療資訊也遇到許多
困難和障礙。受訪者甲媽媽和丁媽媽如是說：

「我不喜歡治療這兩個字，孩子 1 歲時叫過爸
爸，後來就沒有了。孩子 1 歲半時，我帶他去給醫
生看診，醫生告訴我們還可等一等，到 2 歲半時再
看情況是不是一樣，有可能是器官的問題。孩子到
了快要 3 歲時還是不會說話，我就帶孩子去醫院照
腦波，醫院建議要申報早療中心，並去做語言治療。
可是我發現語言治療並沒有改善孩子的情況。

「我之前帶孩子去高雄做治療時就發現，孩子的同學們大家都不會講話的，就算去那邊接受治療，跟孩子說話的還是媽媽，此外是職能訓練師，同學們大部分都不會講話，照舊自己玩自己的，沒有進步。」（丁媽媽）

醫療的資源不足

照顧者發現孩子有遲語問題，尋求醫療資源，發現醫療資源不足。

「等到孩子快 2 歲的時候，就發現好像情況越來越糟，我們才帶孩子去高雄的醫院。我住在南部鄉下，那邊沒有心智科，我們也不知道該找誰看。發現問題嚴重，是我們帶孩子去小兒科看感冒，那小兒科醫生告訴我們，這個孩子眼睛都沒有注視，可能要做一些早療。去醫療機構做評估鑑定時，他們建議我們將孩子送去幼稚園，換個環境，說不定會有轉變，我們就送孩子去我們家附近的幼稚園，但情況並未改善。後來爸爸決定送孩子去高雄做早療，做了大概半年，就不做了，因為孩子上呼吸道

感染，住院三次，住院的那家醫生建議我們不要去做早療了。高雄的早療醫生也說，孩子的體質不適合他們那邊的醫療環境，教我們換個環境，我們覺得很茫然很無助。既然高雄的醫院不適合孩子，目前我們都帶他去台南的教學醫院治療。」（丁媽媽）

「孩子曾接受語言治療，可是我發現情況並沒有改善。我住在南部鄉下，就帶孩子至一般診所就醫，但這種診所的治療並不像我們想像中的健全，只是一個職能老師，那家診所的職能老師常常要負責很多樣的治療，而且還沒跟孩子建立關係前，就責備孩子，我看不慣，最後放棄了。」（甲媽媽）

未發展適性的評估工具

部分受訪者談到孩子做評估時的情況，有很深的挫折感，可是又不知該如何是好，醫療體系的評估方式，她們的孩子根本無法配合。

「孩子被關在一個房間裡面，做測驗，他又不喜歡被關在房間裡面，當然不可能聽從指示，一個口令一個動作，他可能在這方面會比較困難，而且

這些測驗他不曾做過，沒有經驗，根本做不來。那老師要他回答的問題也許他沒有興趣，根本不願意回答。他從以前到現在做了很多次的評估，結果都是比較不好的，我們家長得到的答覆都是不好的。」（丁媽媽）

「孩子在做測驗時不配合，他們又不了解孩子的個性，就是用考試卷的分數來判定他。」（丁媽媽）

「他無法跟人互動，也完全沒有語言，我和我先生帶他去醫療機構評估，他根本沒有辦法做測驗，也沒有辦法做語言治療，他一進醫院陌生的環境就哭鬧尖叫，我和我先生根本不知該怎麼辦才好。」（戊媽媽）

第二節　幼兒願意學的策略

幼兒願意學包含兩個層次，第一個層次是幼兒的情緒和互動社交能力，第二層次是語言的學習。我接觸的第一個個案是一名 3 歲的幼兒，完全沒有語言，第一次接受遊戲治療，非常畏縮、恐懼，一直哭鬧，不願意踏

入遊戲治療室，必須爸爸陪同，才願意進來。第二個個案是近 5 歲的幼兒，完全沒有語言，好動亂跑，只會尖叫，以這樣幼兒不願意學，也無法學的情況開展語言治療，會遭遇很大的挫敗。

幼兒抗拒學習

我曾訪問遲語兒母親帶遲語兒接受語言治療的經驗，部分受訪者在談到幼兒與語言治療師的互動時，表示有的語言治療師未與幼兒建立良好關係，幼兒抗拒迫使治療結束。

> 「那家診所的職能老師還沒跟孩子建立關係，就責備孩子，我看不慣，此外那家早療中心的老師一直要給孩子東西，卻沒有跟孩子建立關係，一直要給孩子東西，孩子不接受。他們來了，孩子就跑掉了，我就不信任他們了。」（甲媽媽）
> 「我的兒子看到語言治療師就躲到遠遠的地方，他生氣了。」（乙媽媽）

又有語言治療師的治療方式讓孩子無法接受，父母不得不放棄治療。

　　「孩子 2 歲 3 個月大的時候，做語言治療，大概半年，一個星期去一次，每次大概五十分鐘。語言治療師會拿字卡，對孩子說卡片上是汽車，請孩子跟著唸，他很在意小孩子有沒有看他，但效果並不好。在家裡，我還是照老師的方式刺激他，我也是用字卡，讓他每天唸，其實是有進步，他慢慢會說兩個字，會說小狗。後來我疲乏了，他也不看了，像那個字卡他可能看了一次，以後就一張一張一直翻過去，治療師說，一張沒有唸好，就不能讓孩子把玩下一張，我聽從指示，不讓孩子把玩，孩子一生氣，就逃走了。記得老師曾以壓舌棒沾果醬，抹到孩子嘴脣上，讓孩用舌頭來舔，藉以練習舌頭活動，只是孩子很討厭壓舌棒碰到嘴脣，不斷閃避、啐口水，將壓舌棒撥開。後來他一看到老師就躲得遠遠的，很不高興。這樣我就決定自己來教他了。」（乙媽媽）

　　「他的語言比較遲緩，2 歲半時我帶他去做耳朵測試，結果沒有問題。後來帶他去做語言治療，只上了兩節課，就不去了，因為上課的方式我孩子不能接受。」（己媽媽）

　　從以上所述可知，幼兒不願意學，拒絕配合，縱使有人願意教，也是枉然，設法提升幼兒互動能力，實為首務。

治療策略一、提升幼兒社交勝任能力

　　根據 Paul 和 Shiffer (1991)，2 歲的遲語兒雖具有完整的回應技巧，但主動與人談話仍有困難，這是缺乏果斷和回應互動能力所致，Bonifacio 等人（2007）建議治療師治療幼兒遲語，需評估幼兒早期社交－會話技巧，增加主要照顧者回應語言輸入，以強化幼兒果斷和回應互動能力，使幼兒能具備語彙能力與實務溝通技巧。

　　Robertson 與 Weismer (1999) 依據語言學習的社會理論觀點，說明幼兒存在於環境中，學習語言是參與者而不是旁觀者，幼兒語言發展遲緩與缺乏社交勝任（lack of social competence）有高度相關，大部分語言系統的失能通常伴隨負面社會情境。語言發展的交換理論（transaction model of language development）也主張語言的學習過程牽涉照顧者行為與幼兒行為的互動，早期語言發展系統的干擾產生負面的互動動力，因而無法令幼兒建立社交勝任（Yoder & Warren, 1993），主張教導

幼兒社交技巧是治療遲語兒的方法之一，而 Kouri (2005)
認為改善遲語兒這方面能力是第一要務。Robertson 與
Weismer (1999) 針對 21 名遲語兒進行實驗，探討提升
幼兒社交能力對遲語兒語言增長的成效，其以互動的、
幼兒中心的方式，在社會脈絡中，提供強調字彙發展的
刺激，主要是鼓勵幼兒主動溝通的企圖和實現幼兒口
語技巧的進步，結果發現實驗組在說話長度（length of
utterance）、詞彙數目、不同詞彙數目、全部語彙、清
晰發音百分比和社交技巧上，和控制組有顯著的差異。

治療策略二、評估幼兒姿態發展

Crais 等人（2009）主張以幼兒姿態發展為著眼
點，進行評估並治療。他們認為幼兒語言的技巧是建
立在前語言的基礎上，尚未有語言的幼兒往往藉著
姿態（gesture）溝通，就是應用手指、手、手臂、臉
部表情和肢體動作表意，前語言的溝通（prelinguistic
communication）和姿態的發展關係密切。Iverson 與
Thal (1998) 將姿態分為兩種基本型態：一種是直證的
姿態（Deictic gestures），主要在於引起注意，如用
手指指狗在跑或是指桌上的杯子或玩具，表示有意抓

取，直證的姿態在嬰兒和學步兒裡，大約佔姿態溝通的88%；其次是代表姿態（representational gestures），即為與物體相關或象徵的姿態（object-related or symbolic gestures），如揮手表示再見，手指置於脣上表示安靜等。Zinober 與 Martlew (1985) 指稱，物體相關或象徵的姿態是幼兒模仿照顧者行為所以然者，大約在嬰兒 1 歲左右出現。根據 Lyytinen 等人（2001），物體相關或象徵的姿態是象徵遊戲活動的重要因素，和語言的技巧有強烈關聯，他們研究發現，14 月大幼兒的象徵遊戲技巧能預測 24 月大和 42 月大幼兒接受和表達語言的能力。此外，對於一般幼兒和遲語兒而言，較高水準的姿態表現和遊戲成熟度與認知理解能力有關聯。有鑒於此，Crais 等人（2009）建議，評估和治療遲語兒，除評估溝通相關領域，也應評估幼兒姿態發展的程度，做為著手治療的依據。

治療策略三、遊戲治療

遊戲治療不是訓練幼兒語言，而是讓幼兒願意學習語言，畢竟 1 星期 1 小時的語言訓練對遲語兒來說不啻杯水車薪，遑論語言訓練也不是治療師的工作。前面提

到語言的學習包含兩個條件：(1) 有人願意教導時，幼
兒情緒已有準備；(2) 有人提供學習語言環境。遊戲治
療的目的是針對條件 (1)，有效改善幼兒的情緒狀態，
發展出自信、安全、信任的安全依附關係，讓幼兒有願
意配合學習語言的情緒。

　　相對於成年人會說話來表達心境，兒童最自然表達
心境的方式是遊戲。遊戲是兒童發展重要的一部分，讓
兒童能發揮創意和學習必要的社交技巧，我治療遲語兒
時，就是應用遊戲治療。以遊戲治療來說，幼兒在玩時
就是透過玩的行為來表達想法和情緒，玩具就是詞彙，
玩就是幼兒在說話，在溝通，幼兒從挑選玩具，擺放玩
具和如何讓玩具與玩具之間互動，在在顯示孩子的心理
狀態。遊戲是兒童自我表達的象徵性語言，揭露兒童所
經驗的事情，對經驗的反應和感覺，兒童的期待和需求，
以及自我概念（高淑真譯，1991）。

　　治療師既是陌生人，幼兒面對完全不認識的人，會
擔心：我安全嗎？我能配合嗎？我會被接受嗎？治療師
便須付出真實溫暖的關懷，與保有包容接納、將心比心
的態度，創造治療的氛圍來陪伴幼兒，讓幼兒感到治療
師是：我在這裡，我聽到了，我了解，我關心（高淑真譯，

1991）。

　　在遊戲治療中，幼兒決定何時玩、玩什麼、如何玩，遊戲治療是幼兒重建自我指導和自我負責的歷程。幼兒經由遊戲治療，學會自我控制及適當的自我表達，學會尊重、接納自己，學會為自己負起責任，學會覺知自己的情緒和感受，更學會面對問題時，能應用創意和策略來解決。遊戲治療須注意設限三步驟：(1) 確認幼兒的感受、願望和需求；(2) 說出限制，也就是設定界線，就像交通號誌的紅燈，不可通行；(3) 說出可被接受的行為，就像交通號誌的綠燈，來取代被設限的紅燈行為。例如幼兒在牆上畫畫，照顧者不允許，就可應用這三個步驟，對幼兒說：我知道你很喜歡在牆上畫畫，但牆上不可以畫畫，你可以畫在紙上。若幼兒不聽，就再說一遍，若幼兒又不聽，就再說一遍，並加上：如果你決定在牆上畫畫，就是決定被我沒收筆。在這個過程中，幼兒學會做選擇，並為自己的選擇負責。遊戲治療可定義為治療師與幼兒之間的互動方法，治療師必須受過良好的專業訓練，知道如何令適當的遊戲器材發揮效能，以及構築一份安全的關係，讓幼兒能利用最自然的溝通方式 - 遊戲，充分表達及展現自己的感覺、想法、經驗、

行為，以促進成長（高淑真譯，1991）。

　　幼兒在遊戲時，是完完整整的全人，認知、情緒和行為，繫於當下，全神貫注（高淑真譯，1991）。Savina (2014) 認為，遊戲能助長兒童的情緒調適，原因在於：(1) 兒童在遊戲時，學習壓抑自己衝動，遵守規則，這樣能將兒童任性的行為轉換為合宜和自願性的行為；(2) 相對於兒童立即動機的效價，兒童開始有意義的目標行動時，兒童就從情勢的拘限中解放；(3) 兒童主導自己的行為，同時發展內在的責任感；(4) 遊戲能提升口語的自我調整——兒童與玩伴遊戲時，須要和玩伴對話，來協調彼此不同的觀點，以獲得共識和建構遊戲規則。此外，兒童在團體遊戲時，能學習到分享、輪流和合作的概念等社會情緒技巧（socila emotional skills），成就情緒成熟（emotional maturity）。Mousavi 與 Safarzadeh (2016) 探究團體遊戲對孤兒院童的不安全依附關係和社交技巧，有何作用，他們在 Ahvaz 市所有孤兒院中，以 Randolph Attachment Disorder Questionnaire (RADQ) (Ogilvie, 1999) 和 Social Skills Rating System questionnaire (SSRS) (Gresham & Elliot, 1990) 兩份問卷，篩選出不安全依附關係和社交技巧比一般兒童的平均值

低或高於一個標準差的 30 位院童，並將他們隨機分為實驗組和控制組各 15 名，應用前測、後測和追蹤來比較兩組的差異，其中實驗組實施 10 次團體遊戲為介入策略。他們發現，不論後測或 2 個月後的追蹤結果都顯示，實驗組相較於控制組，不安全依附關係降低，社交技巧提升，差異甚大。

Chinekesh 等人（2014）指稱，兒童期是人格發展的關鍵期，即自我形塑期，也是幫助兒童學習適應行為和有效溝通技巧的最佳時機，而遊戲治療能釋放壓力，激發自我表達，是有益於兒童解決內在衝突的一項成功策略。Chinekesh 等人的實驗是將 372 位幼兒隨機分為個案組和控制組，針對個案組實施 15 次團體遊戲治療，每周 3 次，每次 90 分鐘，並與控制組比較自我覺察、自我調節、社交溝通、同理和適應性的差異。結果發現遊戲治療能顯著提升幼兒的社交情緒技巧，有益於幼兒學習問題解決技巧和溝通能力。

前面提到，我運用遊戲治療來幫助遲語兒，遲語兒與眾不同的地方，就在不能與其獨處，如果治療對象不是遲語兒，倒不必有此顧慮，但遲語兒有不安全的依附關係，害怕、緊張，絕不願單獨面對治療者，照顧者

一有離開之意，遲語兒會尖叫、哭鬧，或緊緊抓住照顧者不放，如此沒有安全感、信任感和自信心，不得不有照顧者相伴，並且照顧者也須學習合適的教養認知和技巧，一同在場時，既可讓遲語兒安定，也可乘機觀摩我在遊戲治療室內與遲語兒的互動模式，在家裡操作。換言之，我在治療遲語兒時，也順便教導照顧者如何扶持遲語兒。等到遲語兒與我建立安全依附關係後，照顧者就可以離開，留下遲語兒單獨跟我在一起。我發現也只有幼兒願意單獨跟我在一起，語言的發展才更能有所突破。遲語兒願意學，先決條件是與照顧者發展出信任、正向情緒的安全依附關係，這樣遲語兒才會配合照顧者學習和練習語言，就此而言，遊戲治療的介入是很好的策略。

治療策略四、語言治療

幼兒缺乏早期語彙技巧

　　Weismer 等人（1994）指出，遲語兒的共同特徵是在接受語言（receptive language）、說話、象徵遊戲和社交技巧方面，所能都極其有限，這也反映出這些幼兒在成長歷程中，潛在的臨床醫療需求（clinical need），

而臨床需求中十分關鍵的是早期語彙技巧的發展，應用策略助長幼兒早期語彙技巧學習乃是重要課題。根據桃園振雄診所（2018），兒童語言治療是以各種語言訓練策略，強化兒童的口語表達和聽力，提升兒童溝通能力。至於無口語能力或是少口語能力的兒童，則是透過輔助溝通系統來引導孩子開口說話。在進行兒童語言治療之前，首先須對兒童言語能力進行評估，接著再針對孩子的語言能力狀況設計治療方案。每個語言治療方案須訂定明確可行的治療目標和治療活動，治療之後再進行療效評估，以知語言治療帶給兒童的實際效益。語言治療的功用，有時確實備受遲語兒母親肯定。

「有一個語言治療師告訴我，現在跟孩子講話要像跟小嬰兒講話一樣，不要用太深的句子，他的理解跟認知方面還沒有到那個成熟度，我很認同，孩子這樣子，是後天環境造成的，他生下來的時候都很正常，都沒有什麼問題，只是後天家庭環境給他的刺激太少，關懷太少了，導致他現在有這問題。我跟他爸爸也是盡量在彌補。這陣子我們有很多時間可以照顧他，把所有的精神用在他身上，只要坊

間有一些幼教玩具上市，有適合他的或者對他有幫助的我們都買回家，依照治療師的觀念，慢慢教他，他就進步很多。」（丁媽媽）

「語言治療師曾對我說，孩子現在什麼都不懂，怎麼向他講那些話？就先參加認知的課程，再接觸語言，讓他知道這個那個是什麼，學講話可能會比較快。我也會帶他出去觸摸一些東西，我覺得他觸覺比較生疏，像那天他去看一隻羊，就講起羊咩咩了，回家後繼續講，我讓他看字卡羊咩咩，他就會講出來。我覺得外面的刺激對他來講，還蠻有用的。」（己媽媽）

「到了 3 歲，孩子語言都沒出來，我就帶孩子到醫院看語言治療師，那時候孩子只會發出短短幾個音，但是治療師很專業，他抓得到孩子的問題在那裡。他告訴我：『庚媽媽，我給妳一個建議，妳如果接受去做，妳的孩子可能會有說話的一天。』我說好，反正走到這個地步了，什麼都要去試試看了。他告訴我：『妳每天就是要跟孩子說話，不管他有沒有反應。妳若沒空，就放錄音帶，錄音帶裡面不要只有歌，而是要有一群人互動對話。』我就

真的聽治療師的話，找到《十萬個為什麼》之類的錄音帶，裡面有五、六個孩子在互動、在講話。我放錄音帶給孩子聽，孩子很奇怪，對於那種機械操作的東西是比較敏感，我只要一忙，就放錄音帶。5 歲之後，他真的有語言出來了，我發現那出來的語言可能是兩年前我跟他講過的事物，當時我那種興奮，那種高興是無法形容的，我想雖然遲了兩年，總算說出來了，或許這個瓶頸突破了，一年半以後他會將我現在教的說出來。」（庚媽媽）

上述諸例證明，幼兒透過語言治療，確實能改善其語言能力。

第三節　照顧者會教

給與照顧者情緒支持和責任

幼兒有遲語問題，照顧者遭遇教養上的重大挫敗，要承擔被家人責備的壓力，也會自責是自己造成孩子遲語，既要送孩子去醫療機構評估、治療，又要擔心孩子這一生成為身心障礙者，在多重壓力下，難免身心交瘁。無論誰是照顧者，教育和安定他們的情緒是重要課題，

給與照顧者情緒支持和責任便不可或缺了。

　　前面提到，對遲語兒進行遊戲治療時，讓照顧者也在一旁陪伴幼兒，既提供幼兒安全感，也可乘機示範照顧者同理及教養的方法，這樣不僅是重建親子之間的安全依附關係，更是給與照顧者責任。如告訴照顧者：

　　　　我知道你現在很焦慮，很著急，也很害怕，但語言學習是一步一腳印的事情。你們每週 1 小時跟我在一起，其他 167 個小時則是你跟孩子在一起。我的工作是改善孩子的情緒狀態，讓孩子發展出信任關係，願意來學語言，你的責任是教導語言。而且你也在陪伴孩子的過程中，觀察、學習如何與孩子互動，來發展出安全的依附關係。

　　照顧者遇到挫折，向遊戲治療師傾訴苦惱，治療師可以同理角度說：

　　　　你們很辛苦，很努力，但孩子已養成以哭鬧來獲得需求的習慣，成為大腦運作的模式，現在要轉為使用語言表意，這種新的互動樣態，需要從頭學習，讓大腦重新設定另一套運作模式，不只你們不

熟悉，孩子也會抗拒。這是段磨合的過程，但只要堅持下去，你們會改變，孩子也會改變。堅持是很重要的，畢竟打破習慣，需要時間和耐性。

給與希望和策略

照顧者既陷入茫然與焦慮中，讓他們感到希望，也是治療者分內之事。照顧者最常問我的問題是：孩子會不會好？要多久才能有改善？孩子是不是智障？面對照顧者的不安與沮喪，在此提供如下策略應對：

策略一，介紹成功訓練遲語兒從不會說話到會說話的照顧者。

　　介紹成功訓練遲語兒從不會說話到會說話的照顧者，邀他們運用成功經驗，既成為照顧者的支持者，讓照顧者有支持系統，也讓照顧者知道成功是可能的。

策略二，改變照顧者認知。

　　照顧者是需要被教育的，要讓照顧者知道孩子缺乏語言的輸入，認知中缺乏語言概念和詞彙，表達意思，

就如銀行裡沒有存款,不可能領得出錢來。語言必經學習成就,關鍵在於日常生活中語言的輸入和訓練,只要常常與孩子以語言互動,培養孩子習慣,孩子的情況就會改善。

策略三,照顧憂慮孩子恐是智障,依醫療體系的評估向照顧者說明。

　　照顧者如憂慮孩子恐有智能上的問題,應向照顧者說明,根據醫療評估,孩子一切正常,不是智障,只是缺乏語言刺激造成遲語。如果孩子動作反應相當敏捷,尤為不是智障的明證。遲語是長期缺乏文化和語言環境刺激所致,只要提供充分的語言刺激,擴增孩子的語彙,孩子必有進步。

策略四,教導照顧者訓練幼兒語言的方法。

　　要提醒照顧者,語言學習是一步一腳印,急不得的事情,但是孩子的發展既已延遲了數年,只有把握與孩子互動的每一分鐘,勤加練習,增進孩子的語言概念和語音記憶。如飲食,可以遊戲的方式讓孩子說出吃的東西,飯、麵、高麗菜等等,並盡量讓孩子複述,加強孩

子的認知，而不是漫不經心度日。在生活其他面亦然，須誘導孩子使用語言表達己意，而不是伸手指比畫，哭哭鬧鬧。出門在外，看到招牌也唸給孩子聽，交通標誌也唸給孩子聽，總之不錯過任何訓練的機會就是了。

策略五，有說才提供需求。

　　有些照顧者覺察幼兒有需求時，就馬上供應，以致幼兒沒有使用語言機會，須讓照顧者知道這對孩子的發展不利，而應在孩子表達需求後，才予以滿足，如要喝水，須先說出水，才有水喝，如果不會說，就教他怎麼說。他若哭、鬧，則不理會。誘發孩子說話，須著重技巧，就像跟孩子遊戲一樣，以笑臉與孩子互動，讓孩子願意表達，絕不能嚴厲以對，讓孩子害怕，退縮。

策略六，改變對孩子說話的用語，多肯定，少禁令。

　　有些照顧者常對孩子常說不、不可、不能、不許等禁制語言，使幼兒害怕和無所適從。有一名 2 歲半的遲語兒，對著遊戲治療室的沙箱說：「髒、髒」。詢問照顧者，得知其在家時常對孩子說，髒、髒、不可、不能、不許。照顧者得到建議是，寧願勤洗衣服，也要讓孩子

活動，不要怕孩子衣服髒或身體髒，而限制孩子。時常
抱著孩子，吃飯用餵的，都是侷束，有礙孩子的發展。
經過一段時間，追蹤孩子的情形，照顧者說，改變教養
方式後，孩子的語言取得了很大的進步。一名遲語兒母
親分享經驗如此：

> 「我向來對孩子很有耐心，不會斥責孩子，很
> 想不透孩子怎麼會變成這麼退縮。我發現親人常有
> 『不能』、『不行』、『不可以』這種用語時，豁
> 然大悟，問題就在於帶孩子的方式。我決定留職停
> 薪，要陪孩子，給他安全感，讓他堅強的走出來。
> 我開始閱讀如何教導 0 歲幼兒的書籍，縱使我的孩
> 子已 3 歲，我將他看作剛出生的幼兒，依閱讀所得
> 養育。我帶著孩子坐火車、坐公車，想辦法給他一
> 些不同的感覺，讓他有一些經驗，我一直認為他可
> 能經驗不夠。我還帶著他去菜市場，到處指東西教
> 他看，並告訴他東西名稱。每天讀字卡，唸故事書，
> 唸書時手指著字，讓他知道讀到哪裡。幾個月後，
> 孩子就會叫媽媽，那時候我很高興，他終於會講話
> 了。」（甲媽媽）

策略七，制訂固定閱讀時間。

　　孩子要有制約的習慣，須經年累月，逐漸培養。制訂固定閱讀時間，讓孩子知道時間一到就要跟照顧者讀書。開始時孩子不習慣，不配合，但要堅持下去，久了就習慣。就像上學，鈴聲一響孩子就知道上課時間到了，進教室；下課鈴聲響，孩子就坐不住，想要出去玩。

策略八，每天說床邊故事。

　　語言學習是日就月將，踤步千里的工程。讓孩子養成每天睡前聽、說故事習慣，若 1 天 15 分鐘，1 年就接受語言訓練 5,475 分鐘，若從 6 個月大開始，到孩子 5 歲時，訓練量就十分可觀了。一旦養成了這個習慣，對未來的學習，也會有很大的助益。

調整與孩子的互動模式

　　遲語兒在社交勝任和語言輸入、輸出方面的訓練，都須仰賴照顧者，既出現遲語的問題，便知照顧者原來與孩子的互動模式亟需調整。除此以外，許多遲語兒的照顧者也幫助孩子尋找合宜的幼兒園，讓孩子多接觸外在語言刺激。

改變教養方式

　　照顧者為了提升遲語兒的語言能力，調整與遲語兒的互動模式，如多帶遲語兒出去玩，擴展環境刺激，時常與遲語兒遊戲、說話，以求走出困境。

　　　「孩子排斥語言治療師之後，我決定繼續用語言治療師的方式去刺激孩子，我也是使用字卡，讓他每天照著唸，確實有進步，他慢慢會說兩個字，如小狗。我相信勤能補拙，只要他不斷地唸，最後一定學得會。但是，他還不會將所學應用在日常生活中。我就一直常常與他說話，激他說話，像放唱片那樣講個不停，如我帶他出去看到狗，我就說：『狗狗好可愛』，『喔！這隻小狗在做什麼』，就是會反覆描述小狗的一舉一動，吸引他去注意，他因此進步很多。」（乙媽媽）

　　　「以前養育孩子，是連禮拜天都不帶他出去，把他關在家裡面，不知道要到公園跑一跑、走一走，那時候他的生活等於完全沒有刺激，也沒有遊戲。現在我跟他爸爸就把精神都放在他身上，盡量跟他對話，盡量找時間照顧他，帶他出去走走。他現在

接受不少外面刺激，也懂事多了，能分辨現在是什麼情形，要做什麼，雖然語言還是比較弱，但總算會開口說話。」（丁媽媽）

尋找合宜的幼兒園

有遲語兒的照顧者表示，為了增加遲語兒與同儕的互動機會，增加遲語兒語言刺激的機會，將遲語兒送到幼稚園就讀。

「孩子2歲半時，我送他到家庭式的托兒中心，老師很有耐心，進入托兒中心以後，有小朋友同儕之間的刺激，他有比較好一點，會講，但還是口齒不清。」（丙媽媽）

「我選擇將孩子送到學術研究單位的幼稚園，上幼稚園之前，他連爸爸媽媽也說不清楚，對周遭情形反應比較差，身心也比較弱一點，上學之後他就叫爸爸、媽媽，自理能力如吃飯什麼的就慢慢的有增強，慢慢就會與我們對話，看著我們。有滿大的進步。」（丁媽媽）

「孩子之前去幼稚園會排斥，但他現在熟悉環

境之後，老師說他滿快樂的，他會一直講話、一直
講話，但是他講的話人家不一定聽得懂。」（己媽
媽）

依黃依佳瑜等譯（2018），Michelle Obama 指稱，
只要孩子感受到成人用心相待，自然就會付出更多心血
來努力。研究證實照顧者對幼兒語言環境的經營，能改
善幼兒遲語現象。如 Kwon 等人（2013）就教養品質、
幼兒投入情況、遊戲行為與親子語言使用等多元親子互
動脈絡，探究父母與其幼兒之間，社會情緒和語言支持
品質的關係，發現自由遊戲比結構性遊戲更能促進良好
的親子互動和語言使用。Roberts (2013) 探究促進父母
與其幼兒大聲朗讀的策略指引，其中工作坊和居家活動
的成效，內容包括重複說、辨識和應用故事結構原理等
表述，種種課程，結果發現親子互動模式有顯著改變，
且孩子對課程理解的增進，有顯著成效。Whitehurst 等
人（1991）探討榜樣（modeling）治療方法對遲語兒口
語詞彙表達技巧的作用，在主要照顧者應用榜樣和引
發模仿過程來教導遲語兒字彙後，這些幼兒在吃飯時
間使用被教導的字彙從 8% 進步到 50%。Kouri (2005)
則比較榜樣（Modeling）和誘導法（Elicitation Training

Procedures）對幼兒語彙獲得的影響，發現兩者皆有助於幼兒語彙的產生，但是在治療表現上，誘導法優於榜樣。Cable 與 Domsch (2011) 透過文獻閱覽發現專注在單字的刺激和釋放，能改善遲語兒的困境。

　　Bonifacio 等人（2007）引用 Vygotskian 的理論指出，父母與孩童互動，不但提升孩童語言和思想發展，也教導文化傳承和社交技巧；從語言發展社會互動的觀點，主要照顧者與幼兒的互動關係對幼兒語言的獲得過程，具有關鍵性的地位，不同的回應語言輸入（responsive language input）會影響幼兒字彙和語言獲得的程度。以上，無一而非說明照顧者對幼兒語言發展所佔分量。

第十一章　治療遲語兒成功案例——重建幼兒願意學，照顧者會教的艱辛經歷

　　以下案例是戊媽媽分享的親身經驗。戊媽媽的兒子本來由親人照顧，將近 5 歲時，戊媽媽將他接回家，才發現他只會尖叫，完全沒有語言，到處亂跑，管束不住。她來拜訪我，請我以遊戲治療幫助她的兒子，我與她以此相識。戊媽媽對兒子的語言訓練可說是全心全意付出，教導陪伴，不辭辛勞。經過兩年的努力，期間兒子申請緩讀一年，戊媽媽才使兒子得有語言的出現，並在就讀小學時慢慢與班上同學相融和。戊媽媽的兒子成年後，一切正常。戊媽媽如此成功，讓作者十分感佩，並起意訪問、記錄其經驗，公諸於世，以供借鏡。這篇訪問及相關研究曾刊載於《長庚人文社會學報》，題為〈遲語兒母親教養信念及策略之個案研究〉（王秀美，2020），此處擷取此文，整理要略如下。

第一節　改變教養認知

　　戊媽媽把小孩帶回家時，還不覺得孩子有問題，透過他人提醒才驚覺。為了幫助其兒子，她決定改變其教養認知，包括調整成母親角色、負起教養責任、和尋求資源，來提升教養策略。

調整成母親角色

　　受訪者以前工作忙碌，把孩子丟給親人照顧，帶回家後才發現孩子問題嚴重。因為她是教職人員，常以教師的角色和態度對待孩子，透過旁人一再提醒她是媽媽，才讓她逐漸調整為媽媽的角色。

　　　「我以前忙工作，把孩子丟給親人照顧，足四歲才帶他回家。那時候我笨到不知道我小孩這樣，我也不知道我小孩會這樣，我認為那沒有什麼，我看不出來也看不懂，我妹妹是學特教的，她提醒我正常孩子的發展不是這樣，我才驚覺我的孩子有問題。以現在的眼光去看那時候，就是過動。可是我不懂，我的教育記憶裡，還沒遇過這樣的小孩。由

於我尚未跳脫身為人師的慣性思維，A老師一直提醒我一個觀念，他說：『你做的事情是媽媽而不是老師。』所以我一直在調整我的角色。」

「因為他太慢講話，我常覺得他是不是有智能上的問題。因為在帶孩子當中，有時候孩子會給我們一些回饋，當回饋沒有的時候，而且是很久都沒有的時候。我也常問A老師他是不是啞巴，A老師是學醫科的，他一直告訴我：只做媽媽該做的，至於他什麼時候蹦出什麼東西，那是他的事情不是你的事情。』所以我常要自我提醒。」

「我先生會提醒我：『你現在是媽媽，你現在不是在學校上課，你不是在教學生。』有時候這種職業病，無形中就會去犯，有了他們的提醒，我也就慢慢調整過來自己的角色。」

負起教養責任

過去缺席當媽媽的角色，讓受訪者決定改變，她不但改變教養方法，也告訴自己要承擔教養責任。

「剛開始帶他一起出去，他跑，我就追，後來

我決定站著讓他來找我。他從不理我們，自己亂跑，到後來會回來我們站的地方，這期間大約有一、兩年之久的訓練。說起來我以前根本不知道怎麼當媽的，我從親人家帶他回來自己帶時，他已經足4歲了，他從0～4歲幾乎是空白的，所以我告訴自己，後面時間我必須要一天當兩天用，我才能把他拉回來。」

「訓練他說話是我的責任，我就一直不斷的給，且次數很多。洪蘭的書寫一個媽媽因孩子被診斷為自閉症，就把工作辭掉，專心的帶他，我印象很深刻，那媽媽講了一句話：『別人的小孩教一次、三次、五次，我要教一千次、三千次，幾千次，我都要教。』次數的問題，像有時候我講五遍他不會，我要講十遍，甚至十五遍、二十遍，不是只有我講，我講完之後我先生講。」

教養認知的經驗開放性，讓她願意尋求資源，提升教養能力

受訪者面對教養問題，在認知上有經驗開放特質，願意尋求資源來提升教養能力。

「看到孩子這樣，我就四處詢問資源，我去找語言治療師、諮商師做遊戲治療、甚至請特教系學生來教我如何幫助我的兒子。」

「我有一位朋友，她的孩子也是遲語兒，就引薦我去認識 A 老師。A 老師對我的幫助很大，我有教養的問題就會去問他。」

「閱讀成為我解答孩子為什麼會這樣，以及獲知如何教養的方式。我閱讀很多有關身心障礙的書，也參加很多這方面的研習，畢竟教養孩子是我的責任。」

小結：受訪者改變其教養認知，從事不關己，調整成為母親角色，負起教養責任，並在教養認知上採經驗開放的態度，尋求資源，來提升教養能力。

第二節　教養策略的調整

受訪者過去把教養責任托給親人，跟孩子沒有什麼交集。面對要孩子跟她學習語言，她必須與孩子在情緒上有所連結，讓孩子願意跟她學習，所以她的教養策略的調整是重建依附關係、觀察、尊重意願、降低學習壓

力、耐心嘗試孩子能理解的方法、給與回饋和鼓勵、製
造對話機會、重建語言概念、和重建腦神經迴路等。

重建依附關係

受訪者為了重建與孩子的依附關係，她決定把兩條
平行線變成有交集，所以她要讓孩子在意她、訓練孩子
眼睛注視，此外她以擁抱和陪伴等方式來改善親子關
係。

本來兩條平行線

受訪者跟孩子的關係是兩條平行線，孩子完全不看
她，不理她。她想要跟他建立關係的過程非常艱辛。

> 「本來是跟他兩條平行線，他又沒有常常要看
> 你的情況下，那個過程是非常艱辛，非常的慘。」
> 「因為以前就好像跟他是兩條平行線，本來就
> 是應該要建立關係那才是對的啦。」

讓他理我

受訪者請育嬰假來帶兒子，發現兒子不看人又亂

跑，與她完全沒有交集，認為是因為以前沒有人理他所造成的，所以她要肩負教養責任，想辦法讓他理她，會看她，會回應。

「由於之前都沒有人理他，養成他不看人又亂跑的習慣，所以早期他眼睛不看人，要他做什麼他不想跟你做，也不想跟你有任何瓜葛，這期間大概5歲多還是這樣，因為自4歲多帶他回來，帶了一年左右都是呈現沒有交集的狀況：就是你講什麼他聽不懂，快喊破喉嚨他沒反應。然後我只好想辦法讓他理我，會看著我。」

「他之前我叫他，他都不回應，我就算了，後來我知道不能算了，你就是算了，等於讓他認為沒有關係，你再叫他，他認為頂多罵他一兩句就過去了，這樣子他以後越大越不理你，反正沒有關係。後來我堅持，不管我給他什麼指令，或要他做什麼，管他願不願意，他必須要有回應，但是這個過程也要注意孩子會不會反抗。」

眼睛注視訓練

　　由於諮商師有教我，一定要他眼睛會看我，因為互動時，眼睛注視是一種跟對方有交集的行為，是與人互動的基礎。為了讓他理我，所以我就開始訓練他的眼睛會看我。

　　「諮商師告訴我要訓練他眼睛會看人，所以我一直在試很多方法，讓他眼睛看我，反正只要能吸引他看我的，我都要去試就是了。因為書上有的方法我去做，有時候不見得有效。後來就覺得我唱歌他就看我了，諮商師跟我講唱歌能吸引他，就用這種方法，所以我要唱很多歌，讓他眼睛會看我，就這樣唱了幾個月。」

　　「那是很早期的時候，唱歌他看我的時候，我要跟他講什麼就會趁那幾秒，後來發現這幾秒有增加，但是增加過程真的是很長啊！他從看一眼1秒鐘，一直到他可一看3秒、4秒、5秒，然後有時候你一生氣，他就一直盯著你看。」

擁抱

受訪者覺得孩子缺乏安全感，也會不敢表達。她為了建立孩子安全感，就時常抱他。

> 「抱他，就算沒什麼事，叫他過來抱他也好，每個人都非常需要這麼層面，不管是怎樣的孩子都會需要這個的。」

> 「我覺得孩子可能缺乏安全感，一位遲語兒的媽媽一直跟我講抱他這個區塊，她說孩子缺乏安全感，也會不敢表達，不敢講話。為了重建他的安全感，我就時常抱抱他。」

陪伴

受訪者不但請育嬰假來陪伴孩子，也改變過去教養認知，現在只要出去一律把孩子帶在身邊。

> 「我就請育嬰假隨時隨地陪伴他，來拉近我們的距離，陪他玩，沒有別的字，就是『陪伴』兩個字。」

> 「我們夫妻兩個不管去哪裡，以前覺得孩子很累贅，就會丟給我親人，兩個人自己去。現在不行

了，就是不管去玩、去買東西，通通都帶著。」

觀察

受訪者會觀察孩子的行為，要打斷時，先觀察孩子是否反抗。若反抗則去坐在他旁邊，陪伴孩子完成他當時要做的事情，再要求一起看書。

「當然要透過觀察，如果看他可能有自己要做的事，或有要看的東西，或已經在忙些什麼，突然要打斷他，你要觀察他願不願意讓你去打斷。因為我們有些事情非得跟孩子一起做的時候，我們要打斷他時，要去觀察他有沒有反抗。」

「我要觀察我給他這樣的指令，要他馬上過來，他會不會反抗。如果他產生反抗，我就必須把這件事情挪開，先去坐在他的旁邊，去跟他先做他現在在做的事情，可能 5 分鐘過後，我跟他說這個可能告一段落，媽媽現在跟你看書，他就會比較願意。不然你忽然就打斷他，告訴他說你的東西先收起來，我們現在要做什麼，孩子有時候是不要的。」

尊重意願

受訪者相當尊重孩子意願,她認為要孩子配合,就須以尊重為前提,孩子才會放下手邊的事情來跟她做同樣的事情。

「你要看他意願,他不願意硬是把他抓過來是沒有效的。孩子發現帶他的過程,如果兩個的互動讓他覺得有趣,他絕對是放下他手邊的,跑過來跟你在一起從事同樣的工作。」

「孩子是個個體,要尊重他,要他做配合什麼之前,要先尊重他,就這樣而已。如果他願意,覺得很有趣,是他很喜歡的,他就會馬上過來,所以帶孩子真的要他願意。」

降低學習壓力

受訪者透過先生陪孩子復習功課,觀察到孩子進步,學到孩子會了就好了,不要一再重複的寫,來降低孩子學習壓力。

　　「我先生跟我講當你越複習，孩子感受到你越在意時，他自己心理壓力就越大，反而有時候他抗拒。後來我先生就說第三次月考換他來，他就陪著孩子這樣複習功課，沒有要求寫很多資源卷，只是該寫的一次兩次，他發現孩子會了就好了。」

　　「我先生說學習就是把不會的學會就好了，不要一再複習，結果他第三次月考就進步很多，從不及格 50 幾分進步到 90 幾分，也改變我教孩子的認知。」

耐心嘗試孩子能理解的方法教導

　　受訪者以「我怎麼教孩子才會」的思維，讓教養成為自己想辦法讓孩子懂，來面對孩子的學習困境，而不是傳統「你怎麼連這個都不會」的心態，責備孩子，歸因是孩子的問題。

　　「有時候還要去找他可以理解的方法，我知道這個方法講好多次不行，就要換啦，所以我就一直換，一直換。」「有時候我也是投降，求救我老公說：ㄟ！拜託！這你跟他說，我已經沒有辦法了，我剛

剛用了這些方法，現在拜託換你了。他就說：好啊！
我來！因為有時候我老公講的方法跟我不一樣，他
會用我沒有用過的方法來教。」

給與回饋和鼓勵

受訪者在與孩子互動時，會要求孩子表達，而只要
孩子有表達，就給與回饋和鼓勵。

「可以說我一直逼他講，一直表達說他應該要
講出來的。我教他說什麼，他是會照著我的指示這
樣子講的。那時候也應該是他覺得照媽媽講的沒有
什麼關係，因為他講的我都會稱讚他、鼓勵他。」

「他只要講了之後，我都會說你好棒，說的很
好哦，說的很清楚哦，你再說一次給媽媽聽──我
剛剛沒有聽懂ㄟ，你再說一次給媽媽聽，他就再講
一遍──對對對，你講的好好哦，好棒哦！他當然
就會很願意講呀！」

製造對話機會

由於遲語兒缺乏社會互動能力，比較不會主動表達，所以戊媽媽就主動製造機會，讓孩子練習表達。

「有時候我們要主動，他不主動我們要主動，比如說就會直接問他旁邊是什麼東西？他就會去看，就會告訴你那是什麼。他的主動性其實比較少，只是說我們要去問，讓他自己這樣講出來。」

「他非常不喜歡接觸人，也沒有閱讀習慣，當時他的眼睛只會盯著電視螢幕，所以我要主動找機會跟他說話，要他表達，縱使他不會表達，一個『嗯』也可以。」

重建語言概念

孩子從小缺乏互動，語言概念未建立，為了助他建立物件與語言命名的連結，戊媽媽以實物、圖片教導孩子語言概念。

「他的腦筋完全沒有建構語言概念，坦白說就

是一片空白，所以要帶著他，抓著他的手，跟他說
我們去把垃圾丟進垃圾筒，然後抓著他的手帶他到
垃圾筒前，說明這是垃圾筒，並丟垃圾進去。」

　　「他完全沒有語言概念，開始第一個語言概念
的建立花很長的時間，所以我要買一堆有注音符號
的圖片，告訴他如：垃圾筒、爸爸、媽媽什麼的，
開始一個個的看著圖片，然後看著那些符號。當我
教他之後，我問他，雖然他不會講，可是問他說電
視在哪裡，他就會馬上指給我看，那表示他開始有
這個概念了。這個部分倒是沒有太費心，就是教了
幾天之後他就都會了。他就知道這個叫收音機，這
個叫杯子！」

重建腦神經迴路

　　受訪者去聽演講，了解腦筋神經學的原理，所以就
積極幫助孩子，以重建孩子的腦神經迴路。

　　「因為他的腦筋沒有被建立說這個是杯子、這
個是鉛筆。他的生命歷程中沒有被建立這些關鍵的
基本概念，因為我都幫他做的好好的。所以我就改

變開始一直的給，講到他一旦進入了之後，他比
誰都快。後來我去國小聽了洪蘭的一場演講，我才
發現原來是腦神經迴路的問題，只要迴路建立了之
後，這個迴路 OK 就好了，我一直都在做這件事情，
但我不知道那個就是在建立迴路。」

　　「建立迴路真的是次數的問題，當你沒有給
他，他腦筋沒有東西的時候，你要他說什麼？你要
他講什麼？我那時候只是一直不斷的讀書給他聽，
一直不斷的說故事給他聽，每天，一定要每天，少
一天都不行，孩子的腦筋你沒有去刺激它，它永遠
都是這個樣子，甚至只會退化不會進步。」

　　小結：受訪者本來與孩子的關係是兩條平行線，沒
有交集。為了訓練孩子語言，他必須與孩子建立關係，
所以在教養策略上，他以重建依附關係、觀察、尊重、
意願降低學習壓力、耐心嘗試孩子能理解的方法教導、
給與回饋和鼓勵、製造對話機會、重建語言概念和重建
腦神經迴路等九項來與孩子互動並教導語言。

第三節　孩子的轉變

在受訪者和家人的努力之下，孩子有很大的改變，不只會主動回到原位，變得穩定，也變得會注意別人行為和與人互動。

主動回到原位

受訪者說他面對孩子亂跑時，以前會叫會追，孩子根本不理他。後來跟孩子建立關係後，發現只要看孩子一眼或嗯一聲，孩子就會自己回來。

「以前帶他出去他還會亂跑，跑出視線外面，怎麼叫他，他都不會回來，不理會，就像跟他沒關係的人，跑去追他，他跑得更快。為了跟他建立關係，我真的是花了很多時間。但後來發現跟他建立關係之後，其實有時候根本不用叫他，只要嗯或是看他一眼他就知道了。」

「真的是這樣子，他就自己回來。我也觀察到他只是跑去好奇看某一樣東西而已，我們沒有看到，以前會追他，因為我們會擔心，可是後來我們

靜靜的觀察之後，發現他去看一個東西，或是去摸那是什麼東西，我們不去追他，他就自己回來。當然我們也會告訴他哪邊危險，自己要小心。」

變得穩定

受訪者自述當她對孩子放心，不再追孩子後，且孩子看到父母是站在那邊看著他時，他也變得穩定。

「孩子看我們對他放心，他也穩定很多，他就知道爸爸媽媽沒有怎麼，以前會覺得爸爸媽媽忽然衝過來抓住我，我有怎樣嗎？後來就是爸爸媽媽在那邊看著他，他也比較穩定。」

「我親人也追過，我親人年紀大，看他忽然跑掉，就很緊張去追，也很氣，他忽然跑掉，小孩子跑很快，她追不上，就不再帶他出去了，他就被關在家裡，因為不了解他。那時候覺得沒有人了解他，其實我這當媽的都不了解他。」

會注意別人行為和與人互動

受訪者發現經過兩年的教養和陪伴，以前都不理人，表現凡事皆不干己的一個孩子，竟然會注意其他孩子的行為，還會跟他們玩。

「他小一小二時我看他還是事事皆不干己的樣子，到後來發現他會注意別人行為，還很會告狀。自然課是我上的，明明還是下課時間，小朋友會吵是正常的，他就說老師他們在吵。然後誰要是沒有來，他會說老師某某人不在。」

「一群小朋友在那邊玩，他還會說我也要玩，就進去，就跟人家剪刀、石頭、布，然後就踩來踩去。」

「有時候朝會升旗時，會有小朋友出去比賽前，表演一下給校內的小朋友看。他剛開始會坐在草地上，不知道頭在看那裡，搖來搖去。但他現在看到小朋友在演戲，他還會跟旁邊的小朋友講說：你看！那個什麼ㄋㄟ！他怎麼好像跳了一個大階段？怎麼好像完全變成一個人的感覺啊？」

　　小結：在受訪者改變與孩子的互動和相處模式後，孩子也改變，變得會主動回到原位，穩定，與會注意別人行為和與人互動。

第四節　語言訓練

　　語言訓練是雙方的事情，包括教導者與學習者。受訪者由於孩子只會尖叫，完全沒有語言，為了訓練兒子語言，她對自己和孩子都有要求，並有結果呈現。

對自己的要求

　　受訪者是媽媽，也是語言教導者，為了訓練孩子語言，她堅持養成孩子閱讀習慣、要求自己陪伴閱讀，讓閱讀變有趣，不斷的給，用手指字，訓練口腔，敏感覺察出現單音，做語詞的結合與情境教育。

堅持養成閱讀習慣

　　由於孩子從沒養成閱讀習慣，受訪者說，這是一件非常困難的事，但她還是堅持，不管孩子願不願意，她就是唸書給孩子聽。

「你想那有多難，他就是沒有目的的跑來跑去。那時候最糟糕的是他坐不到 3 秒鐘，我抓他過來，書還沒拿來他就馬上跑掉。3 秒鐘也好，我翻書給他看，要跑掉就讓他跑掉。隔天，再來 5 秒。增加秒數，5 秒、10 秒，他有受不了的時候，我跟我先生說抓著，我不管就是抓著他，我一定先要唸完這兩句話，起碼要他讓我唸完這兩句話。我不管他在做什麼，不管他要不要聽，反正他在掙扎，他也不知道我在講什麼，我就是要他知道這個時候，他就得乖乖坐在旁邊。」

「一個習慣的培養，從他本來沒有到有是須要堅持的。我建立他有意願固定的時間該做什麼，大概超過一兩年的時間。他非常不喜歡接觸人，也沒有翻書的習慣，因為他的眼睛只會盯著電視螢幕。我後來看書才知道，原來長期盯著電視看，孩子的前額葉都破壞掉了，他變成後天性的自閉，當下我看了愣在那兒，我嚇到。那時候都把他放在家裡，沒有帶他出去活動，我不知道跑啊、跳啊、溜滑梯、盪鞦韆等，對他不管是肢體或是感覺統合，對他的神經迴路都是有幫助的。小孩要怎麼爬上去，又要

怎麼爬下來，都是要動腦筋，他沒有那個經驗，就呆呆的坐在那裏，不知道怎麼辦？那時候剛好學校推閱讀活動，我想要建立他閱讀，或是陪他看念書，加上我接收到長期閱讀對他的腦神經是會改變的，我覺得這個很重要，我一定要在家裡做。但在帶的過程，他不要看、他哭鬧，但我覺得看書、我講、我念，他一定會接收到我念的訊息，所以我不管他聽得懂、聽不懂，我堅持一直唸。」

陪伴閱讀

在堅持訓練孩子閱讀習慣的同時，受訪者是陪伴在身旁，一字一字的指來教導孩子，並且隨著孩子的進步情形，更換教材。

「我一直覺得閱讀是很重要的事，所以那時候他還不會講話的時候，我就把他帶在身邊一字一字的指，就是用一指神功，用手去指，要讓他認識字，其實當時的目的，只是為了要陪伴他閱讀而已。當然圖片要多字要少，且字要大，才能辨認，漸漸的變成字比較小一點，字比較多一點，圖片比較少一

點，就是這樣慢慢的訓練。」

「孩子剛開始當然不要看，當然誰要看？可是小孩子陪久了，他就知道這時間媽媽要讀書了，要唸書給他聽了，他就看啊。他沒有看我，看他眼睛看旁邊，我還會提醒他，他就知道他要看過來，要不然就是我突然停掉，我說在哪裡？他指不出來就要重來。」

讓閱讀變有趣

訓練孩子閱讀時，受訪者認為要選孩子有興趣的教材，且在互動上也要有趣，才能夠吸引孩子來共同閱讀。

「你選的書是什麼樣的書，有沒有吸引他的興趣或注意，或是他跟你講說媽媽我想看這本時，你要先去迎合他。」

「孩子發現你帶他的過程，你們兩個的互動讓他覺得有趣的，他絕對是放下他手邊的，他一定會跑過來跟你在一起從事同樣的工作。」

「我們念書不可能很平的在念，有時候大野狼說，你就要跟著大野狼說我來了，要不然就是小鳥

說好害怕，你就要這樣子讓他會笑，讓他覺得有趣，他才會聽，像是個瘋子，要演給他看，我也不知道為什麼，後來他就 OK 了。」

不斷的給

受訪者透過閱讀了解孩子遲語的因素是語言的刺激不足，所以她訓練孩子的語言方式，就是不斷的給。

「我訓練他說話的的方式其實很簡單，就是一直不斷給，且次數很多。我從洪蘭的書上看到一位媽媽，因為孩子被診斷為自閉症，就把工作辭掉，專心的帶他。我印象很深刻那媽媽講了一句話：她說別人的小孩教一次、教三次、教五次，我要教一千次、三千次，幾千次我都要教，次數的問題。像有時候我講五遍不會，我要講十遍、十五遍，甚至二十遍。不是只有我講，我講完之後我先生講，當我發現我不行時，我先生就說你起來換我。孩子一旦進入狀況，進展比誰都快。」

「那時候很大量的閱讀，對他會講話而言，這是一個幫助很大的事情。我就是這樣一直不斷的唸

給他聽、講給他聽。」

　　「在這個教導語言的過程中，一遇到什麼事情，都要一直不斷的講，嘴巴真的要一直講給他聽。明明很煩了，還是要繼續講給他聽，明明這件事情、這個東西已經講過，在外面遇到還要再講一遍，讓他更清楚。」

用手指字

　　面對教養困境，受訪者去請教 A 老師，並應用 A 老師建議，以手指指字，讓孩子體會字和音的關係。

　　「A 老師教我一定要唸一個字就要指一個字。我後來發現不要小看這個動作，一定要這樣，等到做了一段時間後，只要指第一個字，讓他去指你唸的東西，逗點之後你再去指逗點之後的字再去唸，這開始很難，因為他都不要看。有時候我一邊唸就一邊越指越用力，有時候情緒一來，就會說我唸到這裡了。」

　　「我一直覺得沒辦法帶孩子閱讀，就去請教 A 老師。他告訴我說你手指頭伸出來，你不要小看這

一指神功，他甚至教我說，你只要指著每一句話的第一個字就好了，不用逐字逐字一直指。當然剛開始可以這樣，可是到最後就是指逗點前面那一個字，就字頭啦，你在唸這裡了，然後讓他自己去看。」

訓練口腔

孩子由於 5 歲還沒有語言，受訪者透過語言治療師的教導訓練孩子口腔有發音的力氣，並請特教系學生來矯正孩子發音時舌頭擺錯位置的問題。

「我遇到一個語言治療師，他知道我孩子的狀況後，告訴我你要讓孩子的口腔比較有力氣，譬如說讓他學著含住糖果不要掉口水，讓他嚼口香糖，讓他運動他的臉頰，或帶到空曠的地方，讓他去喊等，不管發出什麼聲音，就是讓他大喊，讓他有那個肺活量，讓他氣足夠，他講的這些我也都做了。」

「他的舌頭比較不靈活，有某些音一直錯誤，我一直抓不到方法去改。後來透過特教系的學生，才知道原來是他的舌頭擺位錯誤，那些學生有修過

類似教小朋友發音的課程，我請他們來教，他們告訴我他的舌頭和喉嚨沒有問題，只是他舌頭擺錯位置，造成他某些發音不正確，講出來的詞讓人家聽起來很奇怪，他被糾正過來之後，就明顯改善很多。」

敏感覺察出現單音

受訪者是教育人員，過去將教養的責任委託給她的母親，當她自己開始陪伴孩子閱讀，訓練孩子語言後，她很敏感的覺察孩子所發的音是有意義的，並鼓勵孩子持續表達。

「因為之前都沒有人理他，導致他不只不會說話，還不在意他人，又亂跑，我請育嬰假帶他兩年多，他才出現第一個單音。有一天他發出『一』的單音，我馬上敏感的覺察到那是一個清楚的，有意義的，我們講話會用到的音，因為我隨時要注意，要不然我要怎樣幫他趕上正常的程度？那時他好像快到 6 歲了。我那兩年期間也不禁懷疑他是不是啞巴，兩年實在很久啊！」

「我想他已經出現單音，我要讓他發更多單音，所以他有出現一些單音時，我就鼓勵他，不管他出現的聲音到底對不對。」

做語詞的結合

為了提升孩子的詞庫，受訪者在孩子出現單音後，就刻意將兩個單音變成一個詞，做語詞的結合。

「我之前唸那麼多給他聽，當他出現單音時，我就將兩個單音結合起來變成一個詞，做語詞的結合。」

「我如何做語詞的連接呢？我就是把兩個單音結合起來變成一個詞。譬如說他出現比較多單音的時候，我發現這兩個音可以接成一個詞。因為我發現他會唸一，我就反覆告訴他這是多少，比一給他看。他不是先叫『媽』，而是先會叫『阿姨』，這是我將『阿』和『姨』結合的緣故。又如喝，就喝茶、喝水，不要只講喝。」

情境教育

　　為了幫助孩子能將具體事物與抽象的語言結合，受訪者應用情境教育，讓孩子不只看到，還要摸到。

> 「我們帶他到外面，不是只跟他講這是一顆樹，還要說這是一顆綠色的樹，要把形容詞擺進去，還要跟他說葉子很大還是很小，到百貨公司也這樣，看東西要不厭其詳，細細說明。」

> 「因為他毫無概念，我就用食物如高麗菜、蔥，或杯子，要給他看到摸到，就在日常生活中教他說話。」

對孩子的要求

　　受訪者在訓練孩子的語言時，要求孩子要練習句子，以及堅持讓孩子了解語言是工具。

句子的練習

　　為了訓練孩子語言的表達，受訪者在孩子學會語詞之後，就要孩子使用句子。

「不能要求他一下子講一整句話啊！等他熟悉語詞後，如他說『吃飯』，我說請你講一整句話『媽媽我想吃飯』，以後跟我講話就是要這樣，你講『吃飯』我聽不懂，我不接受。有時候他當然會忘記，如說『喝水』，我說要說『媽媽我要喝水』。」

「他如只對我講二個字，就是一個名詞，我都跟他說不行，到現在怎麼還可以只講名詞？說一整句話啊！他就會說『媽媽我要吃餅干』。」

堅持讓孩子了解語言是工具

為了讓孩子了解語言才是表達的工具，受訪者會要求孩子說出所求，才能獲得所求。

「有些人告訴我，有時也要稍微逼他一下，所以我訓練他就很注意，要讓孩子了解語言才是表達的工具。不能他講個汽車，你就趕快拿給他，你要讓他說出『媽媽請你幫我拿汽車』，你要讓他這樣子，或一定要讓他講出個什麼東西，才給他那個東西，有時候這就是訓練說話的誘因。」

「在孩子剛開始會講話的時候，我要他說出

來，例如他要說水，我才會給他水喝，他不講我就
講給他聽，重複一次，要他講，他不講，就什麼也
得不到。就算他不會講，只發出一點點聲音，那也
夠啊！我讓他知道語言才是表達的工具。」

　「他大概知道語言是有用的。因為不論他要什
麼，我都跟他說用講的，要不然就沒有。他要拿什
麼，玩什麼，做什麼，我一定會叫他用講的，就算
講的不對，只要發出聲音，我照樣給他。可是他若
沒聲音，就免談了。就是堅持，他沒講就是沒有，
不管他怎麼哭，我都不妥協，就是這樣。如果他講
了，但講得不對，我會再教他一次。」

語言訓練結果

　受訪者在費盡苦心，日復一日的陪伴、堅持和訓練
之下，孩子有了明顯的表現，即孩子會唸招牌的字，但
在閱讀方面語言理解較弱。

孩子會念招牌的字

　經過兩三年的語言訓練之後，受訪者帶孩子出去，

發現孩子竟然會唸招牌，讓她很驚訝。

> 「久了之後，帶他出去，突然發現，他就在唸招牌給你聽，我不敢相信，要他再唸一次，他再唸了一次，我確定是真的了。」

> 「兩三年過後，一兩年過後，那些字他全部都認得，他雖還不太會講，但是他知道那個招牌是什麼字，他會唸出來，我想怎麼會這樣子？我非常的驚訝。」

閱讀方面語言理解較弱

受訪者發現孩子在語言表達上是比較沒問題的，但在閱讀文章方面，理解文意是有困難的。

> 「他好幾歲了才會講話，不是嗎？後來平常的對話比較沒有問題，但要理解文章、語意啊，非常困難。比如數學，他計算沒問題，算得比誰都要快，我甚至要求他不准再用筆去算，要用心算。可是他面對應用題，看不懂語意，這樣應用題就很難了。」

> 「我們學的東西都是靠語言，數學、自然、社會、音樂，什麼都是要靠語言，靠認識文字理解，

他語文的理解確實是慢很多，所以讓他說故事給我聽，這對他來講並不容易，因為他要將所知整理一番，再來陳述。他目前語言的表達不是問題，但閱讀是個問題。」

小結：受訪者在訓練孩子語言的過程，可說是用盡苦心。她對自己則堅持訓練孩子養成閱讀習慣、要求自己陪伴閱讀、讓閱讀變有趣、不斷的給、用手指字、訓練口腔、敏感覺察出現單音、做語詞的結合、情境教育；對孩子要求練習句子、堅持讓孩子了解語言是工具。最後孩子達到會唸招牌的字，可是在閱讀方面，語言理解較弱。

上述的例子說明，照顧者對幼兒的教養態度與付出，不只改善了孩子的情緒發展，也提升了孩子的語言能力。

參考文獻

中國養生網（2017年4月28日）：女人千萬別生氣，這些病都是氣出來的。https://kknews.cc/zh-tw/health/y8k5xkn.html

王秀美（2002）：成語與情緒的描述。中國語文月刊，**544**(10)，。

王秀美（2006）：兒童的情緒發展與輔導。載於高義展、沈文鈺、張芳慈、徐千惠、林璟玲、林美雯、賴佳菁、王秀美、魏渭堂、余毓琦、張蘭畹、簡志娟合著（2006）。兒童發展與輔導（第八章）。華格納。

王秀美（2020）：遲語兒母親教養信念及策略之個案研究。長庚人文社會學報，**13**(2)，197-236。

王秀美、吳珍梅（2011）：一個成功教養過動兒的母親之人格特質、教養認知與教養策略之分析。**特殊教育與復健學報**，**25**，47-71。

王秀美、吳珍梅、李長燦（2012）：遲語兒主要照顧者所知覺的語言互動困境與求助經驗之探討。長庚科技學刊，**17**，75-92。

王秀美、曾儀芬（2012）：一位家暴受虐兒的家庭特質。嘉南學報，**38**，608-628。

王派仁、何美雪（2008）：**語言可以這樣玩 - 兒童語言發展遊戲與活動**。心理。

王國慧（1999）：兒童「語言發展遲緩」的界定與教育：**高醫醫訊月刊**，**18**(9)。http://www.kmu.edu.tw/~kmcj/data/8802/4168.htm

台灣精神醫學會譯（2017）：**DSM-5- 精神疾病診斷準則手冊**。合記圖書出版社。

危芷芬編譯（2015）：**心理學導讀二版**。雙葉。

何蘊琪（2000）：社會互動論。**教育大辭書**。國家教育研究院。雙語詞彙、學術名詞暨辭書資訊網。

李佳芬（2019 年 2 月 23 日）：《大雲時堂》專訪李佳芬。東森新聞。

呂信慧（2016）：**遲語兒兩歲至四歲的語言發展預測與社會情緒特性**。臺灣大學心理學研究所博士論文，引自 http://www.psy.ntu.edu.tw/index.php/homepage/speech/1378-20151223。

吳秉嵩（2018 年 6 月 4 日）：女童被衣架打死，母出庭辯：希望她學會控制大小便。https://news.tvbs.com.

tw/world/932178。

吳昭容、張景媛（2000）：訊息處理模式（Information-Processing Model）。**教育大辭書**。國家教育研究院。雙語詞彙、學術名詞暨辭書資訊網。

吳培源（1979）：排行、社經地位、親子交互作用與兒童語言行為的關係。**教育研究集刊，21**，127-180。

吳耀杰（2017）：我只是個孩子。

取自 https://baike.baidu.com/item/ 我只是个孩子/20795469

林亞嬋（2013）：**晚說話幼兒的情緒行為問題之研究**（碩士論文）。取自 https://hdl.handle.net/11296/3w9v3z

林璟玲（2006）：兒童的語言發展與輔導。載於高義展、沈文鈺、張芳慈、徐千惠、林璟玲、林美雯、賴佳菁、王秀美、魏渭堂、余毓琦、張蘭畹、簡志娟合著。**兒童發展與輔導**（pp.5-1 ～ 5-30）。華格納。

洪振方（2000）：建構主義（Constructivism）。**教育大辭書**。國家教育研究院。雙語詞彙、學術名詞暨辭書資訊網。

施淑慎（2012）：延宕滿足。**教育大辭書**。國家教育研究院。雙語詞彙、學術名詞暨辭書資訊網。

倚遇禪師：五燈會元，16。卍續藏 **1565**，第 **80** 冊。

修慧蘭、鄭玄藏、余振民、王淳弘譯（2013）：**諮商與心理治療理論與實務（三版）**。雙葉。

桃園振雄診所（2018）：語言治療是什麼？透過言語復健，改善兒童溝通認知障礙。**衛教資料，6** 月。桃園振雄診所

高淑貞譯（1994）：**遊戲治療－建立關係的藝術**。桂冠。

陳長益（2000）：啟蒙方案（Head Start Program）。**教育大辭書**。國家教育研究院。雙語詞彙、學術名詞暨辭書資訊網。

陳信昭、陳碧玲、王璇璣、曾正奇、孫幸慈、蔡翊楦、曾曉虹譯（2014）：**遊戲治療－建立關係的藝術第二版**。心理。

陳科廷（2019 年 1 月 17 日）：小媽媽虐死一歲 **6** 月親生女，竟扯：卡到陰。中時電子報。

陳幗眉、洪福財（2001）：**兒童發展與輔導**。五南。

曹純瓊（2000）：鷹架式語言教學對國小高功能自閉症兒童口語表達能力學習效果研究。**特殊教育研究學刊，89**(20)，193-220。

張世忠（2000）：**建構教學－理論與應用**。五南書局

張欣戊、林淑玲、李明芝譯（2010）：**發展心理學**。學富。

許彩禪（2009）：能力概念分析與建構及對臺灣中小學教育的啟示。**國民教育研究學報**，**22**，159-180。

黃佳瑜、陳琇玲、林步昇譯（2018）：**成為這樣的我**。台北：商業週刊。

黃琇青（2007）：父母教養信念之探討。**網路社會學通訊期刊**。取自 http//www.nhu.edu.tw/~society/e-j.htm

教育部（2013）：**身心障礙及資賦優異學生鑑定辦法**。教育部。

鄭芬蘭（2000）：**歸因論**。教育大辭典。取自 http://terms.naer.edu.tw/detail/1315078/

維基百科：計算語言學。取自 https://zh.wikipedia.org/wiki/%E8%AE%A1%E7%AE%97%E8%AF%AD%E8%A8%80%E5%AD%A6

劉威德（2000）：鷹架理論。**教育大辭書**。國家教育研究院。雙語詞彙、學術名詞暨辭書資訊網。

韓國瑜、黃光芹（2019）：跟著月亮走：**韓國瑜的夜襲精神與憤進人生**（韓國瑜／口述）。時報

簡媜譯（2000）：雷公糕。遠流

Adamson, L., & Frick, J. (2003). The still face: A history of a shared experimental paradigm. *Infancy*, *4*(4), 451-473.

Ainsworth, M. D. S., Blehar, M. C., Waters, E., & Wall, S. (1978). *Patterns of attachment: A psychological study of the strange situation*. Erlbaum.

American Psychiatric Association (2000). *Diagnostic and Statistical Manual of Mental Disorders (DSM-IV-TR)*. American Psychiatric Association.

Aram, D. & Nation, J. (1980). Preschool language disorders and subsequent language and academic difficulties. *Journal of Communication Disorders*, *13*, 15-170.

Aram, D., Ekelman, B., & Nation, J. (1984). Preschoolers with language Disorders: 10 years later. *Journal of Speech and Hearing Research*, *27*, 232-244.

Aram, D. M., & Hall, N. E. (1989). Longitudinal follow-up of children with preschool communication disorders: Treatment implications. *School Psychology Review*, *18*, 487-501

Baker, S. K., Simmons, D. C., & Kameenui, E. J. (1995). Vocabulary acquisition: Synthesis of the research. *Technical Report*, *13*. 1-47.

Bandura, A. (1977). *Social learning theory*. Prentice Hall.

Bank, T., Ninlwski, J.E., Mash, E. J., & Semple, D. L. (2008). Parenting behavior and cognitions in a community sample of mothers with and without symptoms of attention-deficit/hyperactivity disorder. *Journal of Child and Family Studies*, *17*, 28-43.

Bates, E., Dale, P. S., & Thal, D. (1995). Individual differences and their implications for theories of language development. In P. Fletcher & B. MacWhinney (eds.), *The handbook of child language* (pp. 96-151). Blackwell.

Baumrind, D. (1967). Child care practices anteceding three patterns of preschool behavior. *Genetic Psychology Monographs*, *75*, 43-88.

Bavin, E. L., & Bretherton, L. (2013). The Early Language in Victoria Study (ELVS): Late talkers, predictors and outcomes. In L. Rescorla & P. Dale (Eds.), Late talkers: *From research to practice* (pp. 3-22). Brookes.

Behme, C. & Deacon, S. H. (2008). Language learning in infancy: Does the empirical evidence support a domain specific language acquisition device? *Philosophical Psychology*, *21*(5), 641-671.

Beitchman, J. H., Wilson, B., Johnson, C. J., Atkinson, L., Young, A., Adlaf, E., Escobar, M., & Douglas, L. (2001). Fourteen-year follow-up of speech/language-impaired and control children: Psychiatric outcome. *Journal of the American Academy of Child and Adolescent Psychiatry*, *40*(1), 75-82.

Benner, G. J., Nelson, J. R., & Epstein, M. H. (2002). Language skills of children with EBD: A literature review. *Journal of Emotional and Behavioral Disorders, Spring*, *19*(1), 43-59.

Bloom, L. & Lahey, M. (1978). *Language development and language disorders*. John Wiley & Sons.

Bloom, L. & Tinker, E. (2001). Intentionality model and language acquisition: Engagement, effort, and essential tension in development. *Monographs of the Social for Research in Child Development*, *66*(4, Serial No. 267).

Bohannon, J. N. & Bonvillian, J. D. (1997). Theoretical approaches to language acquisition. In J. Berko Gleason (Ed.), *The development of language 4thed.* (pp. 259-

316). Allyn & Bacon.

Bonifacio, S., Girolametto, L., Bulligan, M., Callegari, M.,Vignola, S., & Zocconi, E. (2007). Assertive and Responsive Conversational Skills of Italian-Speaking Late Talkers. *International Journal of Language & Communication Disorders*, 42(5), 607-623.

Bornstein, M., Cote, L. R., Haynes, M., Hahn, C., & Park, Y. (2010). Parenting knowledge: Experiential and sociodemographic factors in European American mothers of young children. *Developmental Psychology*, *46*(6), 1677-1693.

Bower, G. H. (1981). Mood and Memory. *American Psychologist*, *36*(2), 129-148.

Braze, D., Tabor, W., Shankweiler, D. P., & Mencl, W. E. (2007). Speaking up for vocabulary: Reading skill differences in young adults. *Journal of Learning Disabilities*, *40*, 226-243.

Brennan, P. A., Hammen, C., Andersen, M. J., Bor, W., Najman, J. M., & Williams, G. M. (2000). Chronicity, severity, and timing of maternal depressive symptoms: Relationships with child outcomes at age 5.

Developmental Psychology, 36, 759-766.

Bronfenbrenner, U. (1979). *The Ecology of Human Development: Experiments by Nature and Design.* Harvard University Press.

Brown, R. (1977). Introduction. In C. E. Snow & C. A. Ferguson (Eds.), *Talking to children: Language input and acquisition.* Cambridge University press.

Cable, A. L. & Domsch, C. (2011). Systematic review of the literature on the treatment of children with late language emergence. *International Journal of Language & Communication Disorders,* 46(2), 138-54.

Caiozzo, C. N., Yule, K., & Grych, J. (2018). Caregiver behaviors associated with emotion regulation in high-risk preschoolers. *Journal of Family Psychology, 32*(5), 565-574.

Campbell, T. F., Dollaghan, C. A., Rockette, H. E., Paradise, J. L., Feldman, H. M., Shriberg, L. D., Sabo, D. L., & Kurs-Lasky, M. (2003). Risk factors for speech delay of unknown origin in 3-year-old children. *Children Development, 74*(2), 346-357.

Carson, C. K. P., Carson, D. K., Klee, T., & Jackman-Brown,

J. (2007). Self-reported parenting behavior and child temperament in families of toddlers with and without speech-language delay. *Communication Disorders Quarterly, 28*(3), 155-165.

Carson, D. K., Kell, T., Perry, C. K., Muskina, G., & Donaghy, T. (1998). Comparisons of children with delayed and normal language at 24 months of age on measures of behavioral difficulties, social and cognitive development. *Infant Mental Health Journal, 19*(1), 59-75.

Carter, M. A., Frewen, A. & Chunn, J. (2014). Through the eyes of parents: A Singaporean perspective of the importance of cognitive and non-cognitive skills for six-year-old children. *Australasian Journal of Early Childhood, 39*(3), 57-65。

Cassel, R. N. & Meyer, D. K. (2001). Scottish rite speech clinics serve as our first line of defense against the nation at risk learning problem. *Education, 109*(4), 399-408.

Caulfield, M. B., Fischel, J. E., DeBaryshe, B. D., & Whitehurst, G. J. (1989). Behavioral correlates of developmental expressive language disorder. *Journal of Abnormal Child Psychology*, *17*, 187-201.

Chinekesh, A., Kamalian, M., Eltemasi, M., Chinekesh, S., & Alavi, M. (2014). The Effect of Group Play Therapy on Social-Emotional Skills in Pre-School Children. *Global Journal of Health Science*, *6*(2): 163-167.

Chomsky, N. (1965). *Aspects of a theory of syntax*. MIT Press.

Chomsky, N. (1968). *Language and mind*. Harcourt Brace.

Chomsky, N. (1985). Knowledge of language: Its nature, origin and use. In R. Stainton (Ed.), *Perspectives in the philosophy of language* (pp. 3-44). Broadview Press.

Chomsky, N. (2005). Three factors in language design. *Linguistic Inquiry*, *36*, 1-22.

Clegg, J., Hollis, C., Mawhood, L., & Rutter, M. (2005). Developmental language disorders-a follow-up in later adult life. Cognitive, language and psychosocial outcomes. *Journal of Child Psychology and Psychiatry*, *46*(2), 128-149.

Cohen, E., Biran, G., Aran, A., & Gross-Tsur, V. (2008). Locus of control, perceived parenting style, and anxiety in children with cerebral palsy. *Journal of Developmental and Physical Disabilities, 20*(5), 415-423.

Cohen, N. J. (2010). The impact of language development on the psychosocial and emotional development of young children. *Encyclopedia on Early Childhood Development*, January, 1-5.

Cohen, S., Beckwith, L., & Parmelee, A. (1978). Receptive language development in preterm children as related to caregiver-child interaction. *Pediatrics, 61*, 16-20.

Combs-Orme, T., Orme, J., & Lefmann, T. (2013). Early brain development: African-American mothers' cognitions about the first three years. *Child & Adolescent Social Work Journal, 30*(4), 329-344.

Corey, G. (2017). *Theory and practice of counseling and psychotherapy (10th ed.)*. Cengage Learning.

Crais, E. R., Watson, L. R., & Baranek, G. T. (2009). Use of gesture development in profiling children's prelinguistic communication skills. *American Journal of Speech-Language Pathology, 18*, 95-108.

Crosnoe, R., Leventhal, T., Wirth, R. J., Pierce, K. M., &

Pianta, R. C. (2010). Family socioeconomic status and consistent environmental stimulation in early childhood. *Child Development, 81*, 972-987.

Cunningham, C. E., Siegel, L. S., Spuy, H. I.. J., Clark, M. L., & Bow, S. J. (1985). The behavioral and linguistic interactions of specifically language-delayed and normal boys with their mothers. *Child Development, 56*, 1389-1403.

Dale, P. S., Price, T. S., Bishop, D. V. M., & Plomin, R. (2003). Outcomes of early language delay: I. Predicting persistent and transient language difficulties at 3 and 4 years. *Journal of Speech, Language, and Hearing Research, 46*, 544-560.

Dale, R. (2004). Cognitive and behavioral approaches to language acquisition:

conceptual and empirical intersections. *The Behavior Analyst Today, 5*(4), 336-358.

Darling, N. (1999). Parenting style and its correlates, ERIC digest. ERIC Development Team, 1-7.

Dastpak, M., Behjat, F., & Taghinezhad, A. (2017). A comparative study of Vygotsky's perspectives on child language development with nativism and behaviorism. *International Journal of Languages' Education and Teaching*, 5(2), 230-238.

Davidov, M. & Grusec, J. E. (2006). Untangling the links of parental responsiveness to distress and warmth to child outcomes. *Child Development*, 77(1), 44-58.

Day, E. & Dotterer, A. M. (2018). Parental involvement and adolescent academic outcomes: Exploring differences in beneficial strategies across racial/ethnic groups. *Journal of Youth & Adolescence*, 47(6), 1332-1349.

de Cock, E., Henrichs, J., Klimstra, T., Janneke B. M. Maas, A., Vreeswijk, C., Meeus, W., & van Bakel, H. (2017). Longitudinal associations between parental bonding, parenting stress, and executive functioning in toddlerhood. *Journal of Child & Family Studies*, 26(6), 1723-1733.

East, P. L., & Felice, M. E. (1996). *Adolescent pregnancy and parenting: Findings from a racially diverse sample.* Lawrence Erlbaum.

Elbro, C., Dalby, M., & Maarbjerg, S. (2011). Language-learning impairments: A 30-year follow-up of language-impaired children with and without psychiatric, neurological and cognitive difficulties. *International of Journal of Language and Communication Disorders*, *46*(4), 437-448.

Ervin-Tripp, S. M. & Slobin, D. (1966). Psycholinguistics. *Annual Review of Psychology*, *17*, 435-474.

Feinstein, L., Duckworth, K., & Sabates, R. (2008). *Education and the family. Passing success across the generations*. Routledge.

Femald, A. & Marchman, V. A. (2012). Individual differences in lexical processing at 18 months predict vocabulary growth in typically developing and late-talking toddlers. *Child Development*, *83*, 203-222.

Feng, X., Shaw, D. S., Kovace, M., Lane, T., O'Rourke, F. E., & Alarcon, J. H. (2008). Emotion regulation in preschoolers: The roles of behavioral inhibition, maternal affective behavior, and depression. *Child Psychology and Psychiatry*, *49*(2), 132-141.

Fisher, E. (2017). A systematic review and meta-analysis of predictors of expressive-language outcomes among late talkers. Journal of Speech, *Language & Hearing*

Research, *60*(10), 2935-2948.

Fite, P. F., Stoppelbein, L., & Greening, L. (2009). Predicting readmission to a child psychiatric inpatient unit: The impact of parenting styles. *Journal of Child Family Study*, *18*, 621-629.

Fraiberg, S., Adelson, E., & Shapiro, V. (1975). Ghosts in the nursery: A psychoanalytic approach to problems of impaired infant-mother relationships. *Journal of the American Academy of Child Psychiatry*, *14*, 387-422.

Frick, M. A., Forslund, T., Fransson, M., Johansson, M., Bohlin, G., & Brocki, K. C. (2018). The role of sustained attention, maternal sensitivity, and infant temperament in the development of early self-regulation. *British Journal of Psychology*, *109*(2), 277-298.

Fujiki, M., Brinton, B., & Clark, D. (2002). Emotion regulation in children with specific language impairment. Language, Speech, and Hearing in School, 3(3), 102-111.

Garvey, C. & Berninger, G. (1981). Timing and turn-taking in children' conversations. *Discourse Processes*, *4*, 27-

57.

Gattegno, C. (1973). *In the beginning there were no words: The universe of babies*. Educational Solutions Inc.

Gerdes, A. C. & Hoza, B. (2006). Maternal attributions, affect, and parenting in attention deficit hyperactivity disorder and comparison families. *Journal of Clinical Child and Adolescent Psychology*, *35*(3), 346-355.

Girolametto, L., Bonifacio, S., Visini, C., Weitzman, E., Zocconi, E., & Pearce, P. S. (2002). Mother-child interactions in Canada and Italy: Linguistic responsiveness to late-talking toddlers. *Interactional Journal of Language & Communication Disorders*, *37*(2), 153-171.

Girolametto, L., Wiigs, M., Smyth, R., Weitzman, E., & Pearce, P. S. (2001). Children with a history of expressive vocabulary delay: Outcomes at 5 years of age. *American Journal of Speech-Language Pathology*, *10*(4), 358-369.

Goldstein, M. H. & Schwade, J. A. (2008). Social feedback to infants' babbling facilitates rapid phonological learning. *Psychological Science*, *19*(5), 515-523.

Gormly, A. V. & Brodzinsky, D. M. (1993). *Lifespan human development (5th Ed.)*. Harcourt Brace.

Gottman, J. M., Katz, L. F., & Hooven, C. (1996). Parental meta-emotion philosophy and the emotional life of families: Theoretical models and preliminary data. *Journal of Family Psychology, 10*(3), 243-268.

Gresham, F.M., & Elliott, S.N. (1990). *Social Skills Rating System manual*. AGS.

Gross, J. J. (1998). Antecedent- and response-focused emotion regulation: Divergent consequences for experience, expression, and physiology. *Journal of Personality and Social Psychology, 74*(1), 224-237.

Hack, M., Taylor, H. G., & Klein, N. (1995). Children with very low birth weights. *New England Journal of Medicine, 332*, 684-685.

Hammer, C. S., Morgan, P., Farkas, G., Hillemeier, M., Bitetti, D., & Maczuga, S. (2017). Late talkers: A population-based study of risk factors and school readiness consequences. *Journal of Speech, Language & Hearing Research, 60*, 607-626.

Harrison, L. J., & McLeod, S. (2010). Risk and protective

factors associated with speech and language impairment in a nationally representative sample of 4- to 5-year-old children. *Journal of Speech, Language, and Hearing Research*, *53*, 508-529.

Henrichs, J., Rescorla, L., Donkersloot, C., Schenk, J. J., Raat, H., Jaddoe, V. V., & Crais, E. (2013). Early vocabulary delay and behavioral/emotional problems in early childhood: The Generation R Study. *Journal of Speech, Language, and Hearing Research*, *56*, 553-566.

Henrichs, J., Rescorla, L., Schenk, J. J., Schmidt, H. G., Jaddoe, V. W., Hofman, A., Raat,H., Verhulst, F. C., & Tiemeier, H. (2011). Examining continuity of early expressive vocabulary development: The generation R study. *Journal of Speech, Language, and Hearing Research*, *54*, 854-869.

Hitchcock, R. A. (1987). Understanding physical abuse as a life-style. *Individual Psychology*, *43*(1), 50-55.

Hoff-Ginsberg, E. (1986). Function and structure in maternal speech: their relation to the child's development of syntax. *Developmental Psychology*, *2*, 155-163.

Holigrock, R., Crain, R., Bohr, Y., Young, K., & Bensman, H. (2009). Interventional use of the parent-child interaction assessment-II enactments: Modifying an abused mother's attributions to her son. *Journal of Personality Assessment, 91*(5), 397-408.

Horwitz, S. M., Irwin, J. R., Briggs-Gowan, M. J., Heenan, J. M. B., Mendoza, J., & Carter, A. S. (2003). Language delay in a community cohort of young children. *Journal of the American Academy of Child and Adolescent Psychiatry, 42*, 932-940.

Howard, I. S. & Messum, P. (2014). Learning to pronounce first words in three languages: An investigation of caregiver and infant behavior using a computational model of an infant. *PLOS ONE, 9*(10), 1-21. e110334

Huang, J., Kim, Y., Sherraden, M., & Clancy, M. (2017). Unmarried Mothers and Children's Social-Emotional Development: The Role of Child Development Accounts. *Journal of Child & Family Studies, 26*(1), 234-247.

Hursh, D. E. (1978). Infant vocal development. Paper presented at the *Annual Convention of the Midwestern*

Association of Behavior Analysis (4th, Chicago, Illinois, May).

Irwin, J. R., Carter, A. S., & Briggs-Gowen, M. J. (2002). The social-emotional development of late-talking toddlers. *Journal of American Academy of Child and Adolescent Psychiatry, 41*(11), 1324.

Isley, S. L., O'Neil, R., Clatfelter, D., & Partke, R. D. (1999). Parent and child expressed affect and children's social competence: modeling direct and indirect pathways. *Developmental Psychology, 35*(2), 547-60.

Iverson, J., & Thal, D. (1998). Communicative transitions: There's more to the hand than meets the eye. In A. Wetherby, S. Warren, & J. Reichle (Eds.), *Transitions in prelinguistic communication* (pp. 59-86). Brookes

Izard, C. E. (1982). *Measuring emotions in infants and children.* Cambridge University Press.

Izard, C. E. (1992). Basic emotions, relations among emotions, and emotion-cognition relations. *Psychological Review, 99*(3), 561-565.

Jones, G., Gobet, F., & Pine, J. M. (2007). Linking working memory and long-term memory: A computational model of the learning of new words. *Developmental Science, 10*(6), 853-873.

Jones, J., & Passey, J. (2005). Family adaptation, coping and resources: Parents of children with developmental disabilities and behaviour problems. *Journal on Developmental Disabilities [Special Issue], 11*, 31-46.

Johnson, C. J., Beitchman, J. H., & Brownlie, E. B. (2010). Twenty-year follow-up of children with and without speech-language impairments: Family, educational, occupational, and quality of life outcomes. *American Journal of Speech-Language Pathology, 19*(1), 51-65.

Johnson, C. J., Beitchman, J. H., Young, A., Escobar, M., Atkinson, L., Wilson, B., Brownlie, E. B., Douglas, L., Taback, N., Lam, I., & Wang, M. (1999). Fourteen-year follow-up of children with and without speech/language mipairments: Speech/language stability and outcomes. *Journal of Speech, Language, and Hearing Research, 42*(3), 744-60.

Kagan, J., Reznick, J. S., & Snidman, N. (1988). The physiology and psychology of behavioral inhibition in children. *Science, 240*, 167-171.

Kelly, D. J. (1998). A clinical synthesis of the 'late talker' literature: Implications for service delivery. *Language, Speech & Hearing Services in Schools, 29*(2), 76-84.

Kim, P., Feldman, R., Mayes, L. C., Eicher, V., Thompson, N., Leckman, J. F., & Swain, J. E. (2011). Breastfeeding, brain activation to own infant cry, and maternal sensitivity. *Journal of Child Psychology and Psychiatry, 52*(8), 907-915.

Klee, T. & Fitzgerald, M. D. (1985). The relation between grammatical development and mean length of utterance in morphemes. *Journal of Child Language, 12*, 251-269.

Kleinke, C. L., Peterson, T. R., & Rutledge, T. R. (1998). Effects of self-generated facial expressions on mood. *Journal of Personality and Social Psychology, 74*(1), 272 279

Knoche, L. L., Givens, J. E., & Sheridan, S. M. (2007). Risk and protective factors for children of adolescents: Maternal depression and parental sense of competence. *Journal of Child and Family Studies, 16*, 684-695

Kouri, T. A. (2005). Lexical training through modeling

and elicitation procedures with late talkers who have specific language impairment and developmental delays. *Journal of Speech, Language, and Hearing Research, 48,* 157-171.

Kuhl, P. K. (2004). Early language acquisition: Cracking the speech code. *Nature Reviews/Neuroscience, 5,* 831-843.

Kwon, K., Bingham, G., Lewsader, J., Jeon, H., & Elicker, J. (*2013*). Structured task versus free play: The influence of social context on parenting quality, toddlers' engagement with parents and play behaviors, and parent-toddler language use. *Child & Youth Care Forum, 42*(3), 207-224.

Lagace-Seguin, D. G. & d'Entremont, M. L. (2006). The role of child negative affect in the relations between parenting styles and play. *Early Child Development and Care, 176*(5), 461-477.

LaParo, K. M., Justice, L., Skibbe, L. E., & Pianta, R. C. (2004). Relations among maternal, child, and demographic factors and the persistence of preschool language impairment. *American Journal of Speech-Language Pathology, 13,* 291-303.

Lareau, A. (2003). *Unequal childhoods: Class, race, and family life*. University of California Press.

Lasky, E. Z. & Klopp, K. (1982). Parent-child interaction in normal and language disordered children. *Journal of Speech and Healing Disorders, 47*, 7-18.

Law, J. (1997). Evaluating intervention for language impaired children: A review of the literature. *European Journal of Disorders of Communication, 32*, 1-14.

Lerner, J. S. & Keltner, D. (2001). Fear, Anger, and Risk. *Journal of Personality and Social Psychology, 81*(1), 146-159.

Levenson, R. W, Ekman, P., & Friesen, W. V. (1990). Voluntary facial action generates emotion-specific autonomic nervous system activity. *Psychophysiology, 27*(4), 363-84.

Lewis, M. & Brooke-Gunn, J. (1979). *Social Cognition and the Acquisition of Self*. Plenum Press.

Li, T. W. (2002). *A comparison of maternal parenting attitudes of grandmothers and mothers of young children in Taiwan: Development of a new measure of parenting style*. Paper presented at the ANNUAL

Meeting of the American Educational Research Association (New Orieans, LA, April 1-5), 1-36.

Lieven, E. V. M. (1978). Conversations between mothers and young children: Individual differences and their possible implications for the study of language learning. In N. Waterson & C. E. Snow (eds.). *The Development of Communication*. Wiley.

Locke, J. L. (1994). Gradual emergence of developmental language disorders. *Journal of Speech & Hearing Research, 7*(3), 608-616.

Lufi, D. & Parish-Plass, J. (1995). Personality assessment of children with attention deficit hyperactivity disorder. *Journal of Clinical Psychology, 51*(1), 94-99.

Lynch, J. L. (2011). Infant health, race/ethnicity, and early educational outcomes using the ECLS-B. *Sociological Inquiry, 81*, 499-526.

Lyytinen, P., Poikkeus, A., Laakso, M., Eklund, K., & Lyytinen, H. (2001). Language development and symbolic play in children with and without familial risk for dyslexia. *Journal of Speech, Language, and Hearing Research, 44*(4), 873-85.

Maccoby, E.E. & Martin, J. A. (1983). Socialization in the context of the family: Parent-child interaction. In P. H. Mussen & E. M. Hetherington (Eds.), Handbook of child psychology: Vol. 4. *Socialization, personality, and social development 4th ed.*, (pp. 1-101). Wiley.

MacRoy-Higgins, M. & Dalton, K. P. (2015). The Influence of phonotactic probability on nonword repetition and fast mapping in 3-year-olds with a history of expressive language delay. *Journal of Speech, Language, and Hear Research, 58*(6), 1773-1779.

Mahler, M. S., Pine, F., & Bergman, A. (1975). *Psychological Birth of the Human Infant.* Basic Books.

Malone, J. C., Levendosky, A. A., Dayton, C. J., & Bogat, G. A. (2010). Understanding the "ghosts in the nursery" of pregnant women experiencing domestic violence: Prenatal maternal representations and histories of childhood maltreatment. *Infant Mental Health Journal, 31*(4), 432-454.

Marchman, V. A. & Femald, A. (2008). Speed of word recognition and vocabulary knowledge in infancy predict cognitive and language outcomes in later childhood. *Developmental Science*, *11*, F9-F16.

Marvin, C. A. (1994). Cartalk: Conversational topics of preschool children en route home from preschool. *Language, Speech, and Healing Services in Schools*, *25*, 146-155.

Mash, E. & Johnson, C. (1990). Determinants of parenting stress: Illustrations from families of hyperactive children and families of physically abused children. *Journal of Clinical Child Psychology*, *19*(4), 313-328.

Mayo, A. & Siraj, I. (2015). Parenting practices and children's academic success in low-SES families. *Oxford Review of Education*, *41*(1), 47-63.

McGillicuddy-De Lisi, A. V., & Sigel, I. E. (1995). Parental beliefs. In M. H. Bornstein (Ed.), *Handbook of parenting, Vol. 3. Status and social conditions of parenting* (pp. 333-358). Lawrence Erlbaum Associates

McIntosh, J. E., Smyth, B. M., & Kelaher, M. (2013). Overnight care patterns following parental separation: Associations with emotion regulation in infants and young children. *Journal of Family Studies*, *19*(3), 224-239. doi: 10.5172/jfs.2013.19.3.224.

Mclanghlin, D. P. & Harrison, C. A. (2006). Parenting practices of mothers of children with ADHD: The role of maternal and child factors. *Child and Adolescent Mental Health Volume, 12*(2), 82-88.

Mcquaid, N. E., Bibok, M. B., & Carpendale, J. I. M. (2009). Relation between maternal contingent responsiveness and infant social expectations. *Infancy, 14*(3), 390-401.

Melhuish, E. C., Phan, M. B., Sylva, K., Sammons, P., Siraj-Blatchford, I., & Taggart, B. (2008). Effects of the home learning environment and pre-school center experience upon literacy and numeracy development in early primary school. *Journal of Social Issues, 64*, 95-114.

Mensah, F. K., & Kiernan, K. E. (2011). Maternal general health and children's cognitive development and behaviour in the early years: Findings from the Millennium Cohort Study. *Child: Care, Health and Development, 37*, 44-54.

Mills, R. S. L., Freeman, W. S., Clara, L. P., Elgar, F. J., Walling, B. R., & Mak, L. (2007). Parent proneness to shame and the use of psychological control. *Journal*

Child Family Study, *16*, 359-374.

Mills, R. S. L., & Rubin, K. H. (1990). Parental beliefs about problematic social behaviors in early childhood. *Child Development*, *61*, 138-151.

Mousavi, B. & Safarzadeh, S. (2016). Effectiveness of the Group Play Therapy on the Insecure Attachment and Social Skills of Orphans in Ahvaz City. *International Education Studies*, *9*(9), 42-49.

Naremore, R. C. & Hopper, R. (1997). *Children learning language: Practical introduction to communication development.* Singular Publishing Group.

National Institute of Child Health and Human Development Early Child Care Research Network. (1999). Chronicity of maternal depressive symptoms, maternal sensitivity, and child functioning at 36 months. *Developmental Psychology*, *35*, 1297-1310.

Nelson, K. (1973). Some evidence for the cognitive primary of categorization and its functional basis. *Merrill-palmer Quarterly*, *19*, 21-39.

Newport, E. L., Gleitman, H., & Gleitman, L. R. (1977). Mother I'd rather do it myself: Some effects and non-effects of maternal speech style. In C. E. Snow & C. A. Ferguson (Eds.), *Talking to children: Language input and acquisition* (pp. 109-149). Cambridge University press.

Ochs, E. & Schieffelin, B. B. (1982). Language Acquisition and Socialization: Three Developmental Stories and Their Implications. *Sociolinguistic Working Paper Number 105.*

Ogilvie, A. M. (1999). *The assessment of children with attachment disorder: The Randolph attachment disorder questionnaire, the behavioral and emotional rating scale, and the biopsychosocial attachment types framework.* Dissertations and Theses. Portland State University PDXScholar. 取自 https://pdxscholar.library. pdx.edu/open_access_etds.

Oller, D. (2000). *The emergence of the speech capacity.* Lawrence Erlbaum Associates.

Papalia, D. E. & Olds, S. W. (1992). *Child Development (5 Ed.).* New York: McDraw-Hill.

Paul, R. (1991). Profiles of toddlers with slow expressive language development. *Topics in Language Disorders,*

11, 1-13.

Paul, R., & Shiffer, M. E. (1991), Communicative initiations in normal and late-talking toddlers. *Applied Psycholinguistics*, *12*, 419-431.

Pawlby, S. J. (1977). Imitative interaction. In H. R. Schaffer (Ed.), *Studies in Mother-Infant Interaction* (pp. 203-223). Academic Press.

Pham, G., Ebert, K. D., & Kohnert, K. (2015). Bilingual children with primary language impairment: 3 months after treatment. *International of Journal of Language and Communication Disorders*, *50*(1), 94-105.

Piaget, J. & Inhelder, B. (1969). *The Psychology of the Child*. Basic Books.

Purpura, D. J., Hume, L. E., Sims, D. M., & Lonigan, C. J. (2011). Early literacy and early numeracy: The value of including early literacy skills in the prediction of numeracy development. *Journal of Experimental Child Psychology*, *110*, 647-658.

Reber, A. S. (1985). *Dictionary of Psychology*. Penguin.

Rescorla, L. (1989). The language development survey: A screening tool for delayed language in toddles. *Journal of Speech and Hearing Disorders*, *54*, 587-599.

Rescorla, L. (2002). Language and reading outcomes to age 9 in late-talking toddlers. *Journal of Speech and Hearing Disorders*, *45*, 360-371.

Rescorla, L. (2005). Age 13 language and reading outcomes in late-talking toddlers. *Journal of Speech, Language, and Hearing Research*, *48*, 459-72.

Rescorla, L. (2009). Age 17 language and reading outcomes in late-talking toddlers: Support for a dimensional perspective on language delay. *Journal of Speech, Language, and Hearing Research*, *52*, 16-30.

Rescorla, L. (2011). Late talkers: Do good predictors of outcome exist? *Developmental Disabilities Research Reviews*, *17*, 141-150.

Rescorla, L. (2013). Late-talking toddlers. In L. Rescorla & P. S. Dale (Eds.), *Late talkers: Language development, interventions, and outcomes* (pp. 219-240). Brookes.

Rescorla, L., Alley, A., & Christine, J. Book. (2001). Word frequencies in toddlers' lexicons. *Journal of Speech, Language & Hearing Research*, *44*(3), 598-609.

Rescorla, L., Ross, G., & McClure, S. (2007). Language

delay and behavioral/

emotional problems in toddlers: Findings from two developmental clinics. *Journal of Speech, Language & Hearing Research. 50*(4), 1063-1078.

Rhyner, P. M. (2007). An analysis of child caregivers' language during book sharing with toddler-age children. *Communication Disorders Quarterly, 28*(3), 167-178.

Roberts, K. L. (2013). Comprehension strategy instruction during parent-child shared reading: An intervention study. *Literacy Research & Instruction, 52*(2), 106-129.

Robertson, S. B. & Weismer, S. E. (1999). Effect of treatment on linguistic and social skills in toddlers with delayed language development. *Journal of Speech, Language, and Hearing Research, 42*, 1234-1248.

Roblin, P. A. (1995). *An early intervention program for parents of language delayed preschool children* (Doctoral dissertation). Available from https://eric.ed.gov/contentdelivery/servlet/ERICServlet?accno=ED385975

Roseman, I. J. (2013). Appraisal in the emotion system: Coherence in strategies for coping. *Emotion Review,*

5(2), 141-149.

Rudolph, J. M. (2017). Case History Risk Factors for Specific Language Impairment: A Systematic Review and Meta-Analysis. *American Journal of Speech-Language Pathology*, *26*(3), 991-1010.

Savina, E. (2014). Does play promote self-regulation in children? *Early Child Development and Care*, *184*(11), 1692-1705.

Shi, R., Morgan, J., & Allopena, P. (1998). Phonological and acoustic bases for earliest grammatical category assignment: A cross-linguistic perspective. *Journal of Child Language*, *25*, 169-201.

Skinner, B. F. (1957). *Verbal behavior*. Appleton-Century-Crofts.

Smilkstein, G. (1978). The family APGAR: a proposal for a family function test and its use by physicians. *Journal of Family Practice*, *6*(6), 1231-9.

Smith, A. B. & Jackins, M. (2014). Relationship between longest utterances and later MLU in late talkers. *Clinical Linguistics & Phonetics*, *28*(3), 143-152.

Smith, C. A. & Lazarus, R. S. (1990). Emotion and

adaptation. In L. A. Previn (Ed.). *Handbook of Personality* (pp. 609-637). Guilford.

Sobol, M. P., Ashbourne, D. T., Earn, B. M., & Cunningham, C. E. (1989). Parents' attributions for achieving compliance from attention-deficit-disordered children. *Journal of Abnormal Child Psychology, 17,* 359-369.

Studdert-Kennedy, M. (2002). Mirror neurons, vocal imitation and the evolution of particulate speech. In M. Stamenov & V. Gallese (editors). *Mirror neurons and the evolution of brain and language* (pp. 207-27). John Benjamins.

Talor, L. C., Clayton, J. D., & Rowley, S. J. (2004). Academic socialization: Understanding parental influences on children's school-related development in the early years. *Review of General Psychology, 8,* 163-178

Thal, D., Tobias, S., & Mrrison, D. (1991). Language and gesture in late talkers: A 1-year follow-up. *Journal of Speech and Hearing Research, 34,* 604-612.

Thal, D. J. & Tobias, S. (1992). Communicative gestures in children with delayed onset of oral expressive vocabulary. *Journal of Speech & Hearing Research*, *35*(6), 1281-1289.

Thomas, A. & Chess, S. (1977). *Temperament and Development*. Brunner/Mazel.

Timpano, K. R., Keough, M. E., Mahaffey, B., Schmidt, N. B., & Abramowitz, J. (2010). Parenting and obsessive compulsive symptoms: Implications of authoritarian parenting. *Journal of Cognitive Psychotherapy: An International Quarterly*, *24*(3), 151-164.

Topbas, S., Mavis, I., & Erbas, D. (2003). Intentional communicative behaviours of Turkish-speaking children with normal and delayed language development. *Child Care Health Developmet*, *29*(5), 345-55.

Tronick, E., Adamson, L.B., Als, H., & Brazelton, T.B. (1975, April). *Infant emotions in normal and pertubated interactions*. Paper presented at the biennial meeting of the Society for Research in Child Development, Denver, CO.

Truscott, D. (1992). Intergenerational transmission of violent behavior in adolescent males. *Aggressive Behavior, 18*,

327-335.

US Preventive Services Task Force. (2006). Screening for speech and language delay in preschool children: recommendation statement. *Pediatrics, 117*, 497-301.

Vallotton, C., Harewood, T., Ayoub, C., Pan, B., Mastergeorge, A., & Brophy-Herb, H. (2012). Buffering boys and boosting girls: The protective and promotive effects of Early Head Start for children's expressive language in the context of parenting stress. *Early Childhood Research Quarterly, 27*, 695-707.

Van Hulle, C. A., Goldsmith, H. H., & Lemery, K. S. (2004). Gender effects on individual differences in toddler expressive language. *Journal of Speech, Language, and hearing Research, 47*, 904-912.

Vygotsky, L. (1986). *Thought and language*, revised edition (A. Kozulin, ed). MIT Press.

Warren, S. & Rogers-Warren, A. (1982). Language acquisition patterns in normal and handicapped children. *Topics in Early Childhood Special Education.* 2(2), 70-79.

Weismer, S. E., Murray-Branch, J., & Miller, J. F. (1994). A prospective longitudinal study of language development in late talkers. *Journal of Speech and Hearing Research*, *37*, 852-867.

West-Olatunji, C., Sanders, T., Mehta, S., & Behar-Horenstein, L. (2010). Parenting practices among low-income parents/guardians of academically successful fifth grade African American children. *Multicultural Perspectives*, *12*(3), 138-144.

Whitehurst, G. J., Smith, M., Fischel, J. E., Arnold, D. S, & Lonigan, C. J. (1991). The continuity of babble and speech in children with specific language delay. *Journal of Speech and Hearing Research*, *34*, 1121-1129.

Whitehurst, G. J. & Valdez-Menchaca, M. C. (1988). What is the role of reinforcement in early language acquisition? *Children Development*, *59*, 430-440.

Wood, D. J., Bruner, J. S., & Ross, G. (1976). The role of tutoring in problem solving. *Journal of Child Psychology and Psychiatry*, *17*, 89-100.

Wulbert, M., Inglis, S., Kriegsman, E., Mills, B. (1975). Language delay in associated mother-child interactions. *Developmental Psychology*, *11*, 61-70.

Yoder, P. & Warren, S. (1993). Can prelinguistic intervention enhance the language development of children with developmental delay? In A. Kaiser & D. B. Gray (Eds.), *Enhancing children's communication: Research foundation for early language intervention* (pp. 35-63). Paul H. Brookes.

Zinober, B., & Martlew, M. (1985). Developmental changes in four types of gesture in relation to acts and vocalizations from 10 to 21 months. *British Journal of Developmental Psychology*, *3*(3), 293-306.

Zubrick, S. R., Taylor, C. L., Rice, M. L., & Slegers, D. W. (2007). Late language emergence at 24 months: An epidemiological study of prevalence, predictors, and covariates. *Journal of Speech, Language, and Hearing Research*, *50*, 1562-1592.

大千書目☆悅讀心資訊

書系	書號	書名	編著者	流通費
定學	I9001	不淨觀（附彩圖）	淨明	650元
	S8501P	釋禪波羅蜜次第法門白話（上冊）	智者大師著；黎玉璽譯	480元
	S8501P	釋禪波羅蜜次第法門白話（下冊）	智者大師著；黎玉璽譯	380元
慧學	ST9201	圓覺經略疏	宗密大師	220元
	TA8701	大智度論白話研習本50冊（全套不分售）	龍樹菩薩	11000元
	TA9301	大智度論概要易讀	陳朝棟	280元
	I9301-1	現觀莊嚴論略釋	法尊法師	199元
	I9801	圖解達賴喇嘛教您修心	達賴喇嘛傳授；Tenzin Tsepag英譯；滇津顙摩中譯	360元
	I10101	大般若經精要【修訂版】	張子敬夫婦	580元
	I10102	學佛一定要懂的辨證法要：辨了不了義善說藏論	宗喀吧大師著；弘悲記；法尊法師譯	299元
	I10103	讀懂四部宗義：四宗要義講記	土官呼圖克圖著；法尊法師譯	199元
	I10104	智者大師教初學者如何正確禪修身心：讀懂修習止觀坐禪法要講述	智顗大師述；寶靜法師講大千編輯部新編	320元
	I10105	中國第一本佛書：牟子理惑論	陳義雄	280元
	I10201	活在當下的智慧：讀懂智者大師空假中三諦圓融	釋浮光	280元

	編號	書名	作者	價格
史傳	P9902	即身成佛的法王：現證無學金剛貝雅達賴法王全傳	吉仲·逞列強巴迴乃著李學愚譯	300元
	P10101	學佛一定要知道的正法法脈傳承：讀懂付法藏因緣傳	西域三藏吉迦夜共曇曜著 黎玉璽譯	450元
般若經論	I9604	般若波羅蜜多要訣現觀莊嚴論釋心要莊嚴疏合集	彌勒怙主造論；獅子賢尊者作釋賈曹杰尊者作疏；滇津顙摩中譯	1200元
	TV11101	現觀總義(全套三冊·書盒精裝)	福稱著；佛子譯	1800元
藏傳佛教系列	TV9101	藏傳佛教大趨勢	黃維忠	280元
	TV9102	藏傳佛教密宗奇觀	東主才讓	350元
	TV9103	藏傳佛教智慧境界	班班多杰	350元
	TV9104	藏傳佛教大師生涯	周煒	320元
	TV9105	藏傳佛教活佛轉世	諾布旺丹	320元
	TV9106	藏傳佛教僧侶的生活	寧世群	280元
	TV9107	藏傳佛教文化研究	扎洛	320元
	TV9108	藏傳文化死亡的藝術	馮智	350元
	TV9214	藏傳佛教密咒總集	東主才讓	180元
	TV10303-1	藏傳佛教密咒全集【修訂版】	大千編輯部編輯；澤仁扎西堪布鑑定	500元
	TV1060700	藏傳佛教思想體系速查表	扎西雍措	1500元
	TV1060701	藏傳佛教入中論思想體系表	扎西雍措	160元
	TV1060702	藏傳佛教俱舍論思想體系表	扎西雍措	160元
	TV1060703	藏傳佛教現觀莊嚴論思想體系表	扎西雍措	160元
	TV1060704	藏傳佛教釋量論思想體系表	扎西雍措	160元

	I9301-2	修心日光論	虛空祥尊者著；釋法音譯	150 元
	RJ13001	大圓滿隴千心髓前行解脫勝道明燈奉	仁增塔欽仁波切譯	550 元
	I9501	三十七佛子行 吉祥燈莊嚴釋	額曲‧無著賢；仙巴朵傑釋	150 元
	T9701	藏傳佛學關鍵詞彙	吉祥積著 郭敏俊譯	450 元
	LI10201	西藏文法典研究	蕭金松	280 元
		西藏中觀學－入中論的甚深見	林崇安	280 元
		西藏中觀學－入中論的廣大行	林崇安	299 元
	I93011	中觀寶鬘論之顯明要義釋	龍樹菩薩造論；賈曹杰尊者作釋	280 元
		現觀總義（藏中對照）：般若波羅蜜多教授現觀莊嚴論俱釋解心要莊嚴疏義善說——顯明般若義之燈	福稱造論；佛子譯	1800 元
	TV1100701	建立心類學（藏中對照）	蔣悲桑佩著；佛子譯	220 元
密教	S8701	密宗道次第廣論	宗喀巴大師	500 元
	S9001	認識密教	圓烈阿闍黎耶	180 元
	S9002-1	顯密圓通成佛心要集【典藏版】	圓烈阿闍黎耶	250 元
	S9005	唐譯密咒注疏	圓烈阿闍黎耶	280 元
	S9301	密教通關	阿闍黎密林	220 元
	S9302	四加行法觀行述記	宗喀巴大師	150 元
	I8501P	菩提道次第廣論（上下冊）	宗喀巴著；法尊法師譯	580 元

	SD9902	樂空不二：溫薩口傳上師瑜伽法之不共導引口傳訣要	欽哲·阿旺索巴嘉措譯	1800元
	S10101	六字真言密義【修訂版】	圓烈阿闍黎耶	280元
	S10201	印度西藏密教概論	薩迦二祖索南孜莫著；許明銀譯	250元
南傳內觀系列	S8601	攝阿毗達摩義論	阿耨樓陀	250元
	IZ9002	內觀法要【新版】	阿觀達磨多羅等	280元
	IZ9003	內觀禪修【新版】	阿姜念等	250元
	IZ10104	內觀實踐【新版】	馬哈希法師等著	320元
	IZ9501	內觀禪十五個原則【修訂版】	阿姜·念著；徐強譯	280元
	IZ9603	內觀動中禪	隆波田禪師等著 林崇安編集	280元
	IZ9703	內觀導航	約瑟夫·葛斯丁著 果儒譯	220元
	S9501	南傳法句經新譯	法增比丘	199元
	IZ9004	南北傳內觀基礎佛經	林崇安	280元
	IZ9301	四念處內觀禪修(1)	馬哈希	250元
	IZ10001	四念處內觀禪修(2)	阿姜·念著 凡拉達摩譯	320元
	IS9501	馬哈希的清淨智論	馬哈希著 溫宗堃譯	220元
	IZ9604	馬哈希尊者談毗婆舍那	馬哈希著 溫宗堃譯	299元
	IZ9601	觀禪手冊	雷迪大師著；果儒譯	180元
	IZ9605	止觀法門的實踐	林崇安	280元

	書號	書名	作者	定價
	IZ10004	被 99%學佛人輕忽的根本教法：馬哈希尊者講解轉法輪經	馬哈希尊者著；溫宗堃、何孟玲譯	320 元
	IZ10006	正見的洗鍊：解脫道全景的重點	班迪達禪師著；溫宗堃中譯	380 元
	IZ10101-1	諸佛共同的聖劍：最完整四念處禪修講解，最直接斷除煩惱的力量【修訂版】	性空法師講述	350 元
	IZ10102	清淨道次第禪修地圖：讀懂阿毘達摩的理論與實踐	性空法師講述	350 元
	IZ10103	佛陀大放光明的關鍵：解密基礎發趣論之 24 緣，洞悉生命運作的規則【彩圖修訂版】	摩訶甘達勇長老著；釋祖道譯	420 元
	IZ10301	觀呼吸：佛陀開悟實修法門	佛使比丘 泰語講述;法師基金會護法團英譯;鄭振煌中譯	320 元
	IZEN10201	菩提樹的心木	佛史比丘 泰語講述；鄭振煌中譯	180 元
	IZEN10203	不出世的奇葩：南傳佛教第一人，佛使尊者	鄭振煌	250 元
		圖解佛教禪定與解脫【修訂版】：決定佛陀證悟的關鍵	釋洞恆	580 元
	OB10101	回歸佛陀的本懷	吳老擇	280 元
	OB10102	原始佛教成佛之道：阿含經的中道與菩提道	林崇安	220 元

國家圖書館出版品預行編目（CIP）資料

語言障礙學習與照顧：重建遲語兒學習意願和照顧
者懂得教導的關係 / 王秀美，許玉容著. -- 初版. --
　新北市：大喜文化有限公司，2023.11
　　面；　公分. -- (喚起；29)
　ISBN 978-626-97255-4-0(平裝)

　1.CST: 特殊兒童教育　2.CST: 語言障礙教育
　3.CST: 幼兒語言發展

529.63　　　　　　　　　　　　　112017279

喚起 29

語言障礙學習與照顧
重建遲語兒學習意願和照顧者懂得教導的關係

作　　者：王秀美、許玉容
發 行 人：梁崇明
出 版 者：大喜文化有限公司
登 記 證：行政院新聞局局版台省業字第 244 號
P.O.BOX：中和市郵政第 2-193 號信箱
發 行 處：23556 新北市中和區板南路 498 號 7 樓之 2
電　　話：02-2223-1391
傳　　真：02-2223-1077
E-Mail：joy131499@gmail.com
銀行匯款：銀行代號：050　帳號：002-120-348-27
　　　　　　臺灣企銀　帳戶：大喜文化有限公司
劃撥帳號：5023-2915，大喜文化有限公司
總經銷商：聯合發行股份有限公司
地　　址：231 新北市新店區寶橋路 235 巷 6 弄 6 號 2 樓
電　　話：02-2917-8022
傳　　真：02-2915-7212
初　　版：西元 2023 年 11 月
流 通 費：新台幣 350 元
網　　址：www.facebook.com/joy131499
I S B N：978-626-97255-4-0（平裝）